Die *Lektüre zwischen den Jahren* ist dieses Jahr dem Reisen gewidmet und versammelt die schönsten Gedanken und Geschichten zu diesem Thema. Lily Brett, Daphne du Maurier, Elizabeth von Arnim, Sigrid Damm, Linda Yellin, Aude Le Corff, Arturo Pérez-Reverte u. a. erzählen von Reisen in ferne Länder, fremde Welten und andere Zeiten, von Wochenendfluchten, Road Trips und Kreuzfahrten, von Palmenglück, Entdecker- und Abenteuerlust …

insel taschenbuch 4323

Lektüre zwischen den Jahren

Lektüre zwischen den Jahren 2014

REISEN

Insel Verlag

Umschlagabbildung: Hans Traxler, Frankfurt am Main

Erste Auflage 2014
insel taschenbuch 4323
Originalausgabe

Hinweise zu dieser Ausgabe am Schluss des Bandes
Vertrieb durch den Suhrkamp Taschenbuch Verlag
Satz: Satz-Offizin Hümmer GmbH, Waldbüttelbrunn
Druck: CPI – Ebner & Spiegel, Ulm
Printed in Germany
ISBN 978-3-458-36023-0

REISEN

»Reisen ist die Sehnsucht nach dem Leben.«
Kurt Tucholsky

SIGRID DAMM

Wohin mit mir

6. Dezember
Genua, Aeroporto. In »la Repubblica« ein Foto: Der Sarg des ermordeten Priesters schwebt über einer Menschenmenge. Der Name des Ermordeten ist Don Emilio Gandolfo. Er wird zu Grabe getragen.

Unablässiges Handy-Klingeln um mich her.

Mein Flug nach Palermo wird aufgerufen. *Italien ohne Sicilien macht gar kein Bild in der Seele: hier erst ist der Schlüssel zu Allem.* Hat dieser Satz Goethes mich zu einer Lesung in Palermo bewogen? Oder sein *Sicilien deutet mir nach Asien und Afrika und auf dem wundersamen Punkte, wohin so viele Radien der Weltgeschichte gerichtet sind …* Das Flugfeld liegt direkt am Meer. Im Rückblick Genua im gleißenden Sonnenlicht. Dann das Grün von Monte Portofino, die große Bucht bei La Spézia, hinten eine Gebirgskette mit Schnee bedeckt, die flache Toskana und, mein Herz schlägt heftig, die Gegend, wo ich im September war: San Felice und der Monte Circeo, Sperlonga und Gaeta sind deutlich zu erkennen. Jetzt müßten der Golf von Neapel und der Vesuv auftauchen, aber das Flugzeug dreht ab, nimmt Kurs auf das offene Meer; der Küstenstreifen verschwimmt im Dunst.

Von Neapel aus startete Goethe nach Sizilien. Vier Tage brauchte das *Paquetboot* bis Palermo. Und ebensolange dauerte die Rückkehr von Messina aus. Diese Schiffsreise nach Sizilien war die einzige in Goethes Leben, da er sich für längere Zeit auf offenem Meer befand. (Abgesehen von der Reise mit dem Kurierschiff von Venedig nach Ferrara, das ihn über Chioggia bis Porto di Pila, von dort poaufwärts bis Pontelagoscuro und – zu Lande – weiter nach Ferrara brachte, wo er *die beiden Nächte in* seinen *Mantel gehüllt* auf dem *Verdeck verbrachte.*) Auf der Überfahrt nach Sizilien wurde er seekrank, vom *Tribut* einer *dreitägigen Unpäßlichkeit*, die er dem Meer auf der Hin- und auch auf der Rückreise *zahlen* mußte, berichtet er. Und daß er wegen der Übelkeit *fa-*

sten, ja *hungern* mußte. Zacharias Werner will sogar von Kniep gehört haben, daß Goethe *wie ein Wahnsinniger phantasiert und das Gehen der Matrosen auf dem Verdeck, als er es unten im Bette der Kajüte gehört, für den Gang seiner Großmutter gehalten hatte.* Obgleich Goethe meistens in der Kajüte lag – auf der Hinfahrt nach seiner Aussage über den Tasso nachsinnend –, hinterließ das Meer einen bleibenden Eindruck. *Hat man sich nicht ringsum vom Meere umgeben gesehen, so hat man keinen Begriff von der Welt und von seinem Verhältnis zur Welt*, schrieb er und daß ihm *diese große simple Linie ganz neue Gedanken gegeben.*

Welchen *Begriff von der Welt*, welche *neue Gedanken* würde ihm eine Reise mit einem modernen Flugzeug bringen, würde er die Küstenlinie Italiens, das weite Meer und die Berge und Buchten Siziliens aus der Vogelperspektive sehen?

Der Flugkapitän kündigt die Landung an. Nachdem wir unterhalb der dichten Wolkendecke sind, sehe ich nur bräunlichen Dunst. Smog? Ich denke an Goethes Ankunft. Von *dunstiger Klar-*

heit, die um die *Küsten schwebte*, schreibt er, als das Schiff in den Hafen von Palermo einlief. *Die Reinheit der Konture, die Weichheit des Ganzen, das Auseinanderweichen der Töne, die Harmonien von Himmel, Meer und Erde. Wer es gesehen hat der hat es auf sein ganzes Leben.*
Aeroporto »Falcone e Borsellino«, 30 Kilometer westlich von Palermo gelegen. Benannt nach Giovanni Falcone und Paolo Borsellino, den beiden Richtern, die gegen die Mafia zu Felde zogen und es mit ihrem Leben bezahlten. 1992 wurden sie ermordet. Die Fahrt mit dem Taxi in die Stadt dauert eine Ewigkeit, chaotischer Verkehr, Hupen, lautstarke gegenseitige Beschimpfungen der Autofahrer, aber alles geschieht mit einer gewissen Gelassenheit, nirgends verbissene Gesichter. Schließlich Hochhäuser, ein Neubauviertel; gesichtslos und häßlich wie überall auf der Welt. In einem der Hochhäuser meine Unterkunft, privat bei der Leiterin des Goethe-Institutes von Palermo. Als wir uns in Rom kennenlernten, hat sie nach meinen Wünschen für die sechs Tage Sizilien gefragt. Alles ist perfekt vorbereitet.

Noch habe ich meine Sachen nicht ausgepackt, da werde ich von einer jungen Frau abgeholt. Wieder geht es in den dichten Verkehr, teilweise fahren wir im Schrittempo. Felsmassen aus grauem Kalkstein, der Monte Pellegrino zur Rechten, und, eine Handbewegung, nach Westen dehne sich die weite Ebene der Conca d'Oro. Wir verlassen die Autobahn, es geht bergauf. Die Kathedrale von Monreale wolle sie mir zeigen.
Dann stehen wir in ihr. Goldglänzend die Mosaiken. Bin ich im Morgenland? Griechen, Römer, Phönizier, Sarazenen und Normannen, alle seien hier gewesen, daher die Symbiose von abendländischer und morgenländischer Kultur. Die Kapitelle der marmornen Säulen im Kreuzgang. Die grotesken Figuren, was erzählen sie? Ich kann mich nicht lösen.
Meine Begleiterin drängt, wir müßten pünktlich zum Empfangsessen von Goethe-Institut und Universität wieder in Palermo sein. Sie spricht ausgezeichnet Deutsch. An der Universität Palermo habe sie es gelernt. Sie sei nicht in Sizilien geboren, als Studentin sei sie aus Norditalien hierhergekommen. Jetzt sei sie vierunddreißig und seit

acht Jahren mit einem Sizilianer verheiratet. Ihr Mann sei Rechtsanwalt, habe seine Kanzlei in Palermo.
Meine Erkältung plagt mich noch immer. Wir halten an einer Apotheke. Die junge Frau schwört auf homöopathische Mittel, sie kauft eines, ich schlucke winzige Kügelchen.

7. Dezember
Am frühen Morgen drei Kirchen. Das sei ein Muß in Palermo, sagt meine Begleiterin. Die Kirche San Giovanni degli Eremiti, die Palatinische Kapelle, die Cattedrale Maria Santissima Assunta. Wir eilen von einer zur andern. Wieder die orientalische Pracht; wieder die Anmutung von Morgenland.
Dann – mein Wunsch – zum Mercato La Vucciria, dem Altstadtmarkt. Es herrscht ein unglaubliches Gedränge. Eine Lärmwolke schwebt über allem, fast jeder der Stände hat sein eigenes Radio. Die Rufe der Verkäufer, ihr Anpreisen der Waren mischt sich mit sizilianischer Volksmusik, mit Fetzen von Opernarien, Verdi und Puccini. Heiterkeit liegt über allem, Lust am Verkaufen und

Kaufen ist zu spüren. Die Buden, oft winzig, sind mit Tüchern überspannt. An den Metzgerständen Fliegenschwärme. Übervolle Stände mit frischem Fisch. Meine Begleiterin begutachtet mehrere Fischsorten, kauft dann einen Schwertfisch. Langes Feilschen um den Preis, sie schäkert mit dem Fischhändler, ein lauter Wortschwall hin und her, sie handelt den Preis herunter. Auberginen, Fenchel, wilder Spargel, Lorbeer und Löwenzahn wechseln – wiederum mit lautem Palaver – aus den Händen der Verkäufer in die meiner Begleiterin. Mit dem vollen Korb zum Auto.
Ob ich ihren Mann kennenlernen wolle. Wir fahren zur Kanzlei des Rechtsanwalts. Ein altes Haus mit schönem Treppenaufgang. Im Flur liegen Bretter. Und dann der seltsame Anblick: Ein schmaler, vielleicht sechzigjähriger Mann sitzt in einem hohen kalten Raum im Mantel mit hochgeschlagenem Kragen an seinem Schreibtisch. Seine auffallend schönen, feingliedrigen Hände liegen auf der Tischplatte. Sonst nichts. Nirgends kann ich ein Schriftstück, kann ich Akten oder Ordner sehen. Er grüßt freundlich. Die beiden wechseln auf sizilianisch einige Sätze. Dann stellt meine Beglei-

terin ihren Korb auf die Bretter im Flur. Ohne daß wir uns verabschiedet haben, gehen wir, die Tür klappt zu, im Treppenhaus sagt sie, ihr Mann liebe sie sehr, und er wünsche sich sehnlich ein Kind von ihr.

In einer Pizzeria bestellt sie zwei *Caffè Corretto* und einen Teller mit *Cannoli*, gefüllte Teigrollen mit zimtgewürztem Quark. Das Gespräch geht um das Kind. Ihr fehle als Nichtsizilianerin die Familie, Mutter und Großmutter, ihre Stelle an der Universität würde sie verlieren. Ich rede ihr zu, wie ich es immer tue, wenn es um ungeborene Kinder geht.

Wir sehen auf die Uhr. Am Büfett läßt sie *Caponata* einpacken. Für die Reise, sagt sie, es sei ein Nationalgericht, Reisbällchen, gefüllt mit gekochten Auberginen, Kapern, Kürbis, Tomaten und Oliven, man könne es gut kalt essen. Am Busbahnhof holt sie mit Schwung meinen Rucksack aus dem Kofferraum. Pünktlich um 13 Uhr verlasse ich Palermo.

Mit dem Überlandbus quer über die Insel an die Ostküste nach Catania. Fast vier Stunden Fahrt.

Eine karge, bergige Landschaft, von den über ihr hängenden Wolken in ein eintöniges Graubraun getaucht, kein Baum, kein Strauch. Ich bin in Lappland, augenblicks geht mir das Herz auf. Dann aber, in den Ebenen, überraschend aus dem Nichts auftauchend, endlose Haine mit Apfelsinenbäumen, übervoll von Früchten.

Drei Stunden Aufenthalt in Catania. Ich werde erwartet. Eine Freundin der Leiterin des Goethe-Institutes, eine junge Künstlerin, zeigt mir die Stadt. Atmet sie auf, als ich auf ihre Vorschläge entgegne, ich möchte weder die Gräber in der Cappella della Madonna noch in der Cappella di Sant'Agata, auch nicht das von Friedrich II. errichtete, am Meer gelegene Stauferkastell sehen. Einfach schlendern wäre mir am liebsten. Wir laufen die Via Vittorio Emanuele II. entlang, den Ätna immer im Blick. Den 3323 Meter hohen Berg, den Berg der Berge, den *Mongibello*, wie ihn die Einheimischen in einer lateinisch-arabischen Wortschöpfung nennen. Und Catania, sagt sie, heiße die *schwarze Tochter des Ätna*. Seit der Antike wurde die Stadt siebenmal durch Erdbeben und Vulkanausbrüche völlig zerstört. 1669 der letzte verheerende Lavastrom, 1693 ein Erdbeben. Danach dann, zu Beginn des 18. Jahrhunderts, der Wiederaufbau Catanias im barocken Stil, größtenteils aus dunklem Lavagestein. Wir stehen auf der Piazza del Duomo, am Brunnen mit dem Elefanten, der einen ägyptischen Obelisken trägt. Da ich auch auf den Anblick des Grabes von Vincenzo Bellini, dem berühmtesten Sohn der Stadt, verzichte, lädt mich die junge Frau zu einem Tee in ihre Wohnung ein. Hohe dunkle Zimmer, kostbare alte Möbel. Für einige Minuten verläßt ihr Mann sein Arbeitszimmer, setzt sich zu uns. Ich spüre die Spannung zwischen den beiden, sie scheint nicht glücklich mit ihm. Mehrfach fällt er ihr ins Wort, korrigiert sie wegen Lappalien. Nennt sie *Kind, Kindchen.*

Dann am Busbahnhof. Das erleuchtete Schild *Siracusa*. Die Sorge der jungen Frau, daß ich dort in der Dunkelheit ankomme. Warnung zur Vorsicht. Und, als habe sie meine Gedanken erraten, sagt sie, ihr Mann sei im Moment sehr nervös, er arbeite zu viel.

Fahrt die Ostküste entlang nach Süden. Zweieinhalb Stunden bis Syrakus. Späte Ankunft. Auf dem Weg vom Busbahnhof zum Hotel, das in der Altstadt, auf der Insel Ortigia, liegt, treffe ich keinen einzigen Menschen, nur freilaufende streunende Hunde sind unterwegs. Ein nachttrunkener Portier. Ich öffne das Fenster im Zimmer. Das Anschlagen des Meeres gegen eine Mauer ist zu hören. Das Meer selbst ist nicht zu sehen. Schwarze finstere Nacht.

8. Dezember
In Syrakus erwacht. Das habe ich mir ausgedacht. Am 7. Dezember wollte ich den südlichsten Punkt meiner Reise erreichen. Am 7. Juni war ich am nördlichsten, in Narvik. Dort ging die Sonne nicht unter, noch um Mitternacht stand sie am Himmel, und auf den Bergen lag Schnee, die Leute fuhren Ski. Jetzt, im Dezember, ist es in Sizilien sommerlich warm, es sind fast zwanzig Grad. Syrakus. Schon als Kind faszinierte mich das Wort. Ich erinnere mich, wie ich es buchstabierte: Sy – ra – kus. Auf einem Buchdeckel, der auf dem Nachttisch meines Vaters lag, las ich es. Johann

Gottfried Seume, »Spaziergang nach Syrakus«, das Lieblingsbuch meines Vaters. Nie ist er, der Reisebegierige, nach Syrakus gekommen. Erst machte der Krieg seine Pläne zunichte. Dann die Mauer. Und als sie fiel, war er sechsundachtzig Jahre alt.

Nach dem Frühstück mache ich zunächst einen kleinen Gang über die Insel Ortigia. Ziellos lasse ich mich treiben. Das starke südliche Licht, ich meine die Nähe zum afrikanischen Kontinent zu spüren. Das Ionische Meer. Die Farbkaskaden der Häuser an der Ufermauer. Dann enge Gassen; dunkle Schattenfelder, Stellen, in die das gleißende Morgenlicht wie ein Stein fällt. Und überall der Duft nach frischem Brot, obgleich ich nirgends einen Bäckerladen entdecken kann. Schon habe ich die Insel durchquert. Ich laufe durch andere Gassen zurück, auch hier der verführerische Geruch und das Spiel von Licht und Schatten.
[…]
Als ich den Platz vor dem Dom erreiche, wogt eine Menschenmenge auf ihm. Ich dränge mich bis in die Nähe des Portals durch. Ein Weiterkom-

men ist unmöglich. Ein süßer Duft steigt mir in die Nase. An einem dicht umlagerten Stand wird brauner Zucker auf heiße Marmorplatten gegeben, zischend schmilzt er, und die hauchdünne Masse wird blitzschnell und mit großem Geschick an einem Stab aufgerollt. Noch heiß wandert die Leckerei in ausgestreckte Hände. Ich beobachte es eine Weile. Da beginnen die Glocken des Doms zu läuten, in die Menge kommt Bewegung, das Portal öffnet sich, und das Geläut vermischt sich mit den aus dem Inneren dringenden Orgelklängen. Über den Köpfen der Menschen wird aus dem Dom, auf einem großen Gerüst schwankend, eine Muttergottes getragen. Ist sie aus Pappmaché, aus Holz? Im Näherkommen sehe ich, sie ist aus Holz, die Farbe an Stirn und Gewand ist zum Teil abgeblättert. Eine Gasse bildet sich, die vorn stehenden Frauen fallen auf die Knie, die Hände betend erhoben, brechen sie in Wehklagen und Schreien aus, laut und schrill setzt es sich in der dichten Menschenmenge wie eine Schallwelle fort. Die Maria schwankt über den Köpfen, bewegt sich in meine Richtung, kommt näher, ist in der Höhe der heißen Marmorplatten. Ich sehe, wie einer der Zuckerbäcker sich mit der linken Hand bekreuzigt, seine Arbeit aber nicht unterbricht. Immacolata Concezione, Mariä Empfängnis, feiere man heute, erzählt mir ein Mann. Die Prozession zu Ehren der Muttergottes gehe über ganz Ortigia. Zum Abschluß werde es ein Feuerwerk geben.

Gegen neun bin ich in meinem Hotel, noch immer ist der Lärm der fröhlich Feiernden zu hören und übertönt das an die Mauer schlagende Meer. Ich schalte den Fernseher ein. Der Papst weiht in Rom ein Teilstück eines Autotunnels am Vatikan ein. Riccardo Muti dirigiert in der Mailänder Scala eine Premiere. Ausführlich werden die Kleider der Damen bei der Premiere gezeigt. Ich denke an Bettinas Ausspruch, das oberste Gebot in Italien sei, eine gute Figur, *una bella figura*, zu machen. Im Einschlafen die ersten Böllerschüsse des Feuerwerks.

9. Dezember

Rückfahrt mit dem Bus nach Palermo. Die Strekke von Syrakus bis Catania, die ich hinwärts bei Dunkelheit fuhr, eine endlose Industriezone;

Petrochemie, Raffinerien, Bohrtürme, Batterien von Strommasten, rauchende Schlote und überall Wohnsilos aus Beton.

Am Abend die Lesung im Goethe-Institut. Professor Cometa, ein Goethe-Experte – ich bin ihm schon in Rom in einer Urfaust-Aufführung begegnet –, leitet sie ein. Dann »Christiane und Goethe« auf sizilianisch. Eine Studentin hat die kurzen Textstellen, die ich lese, übersetzt. Schließlich übernimmt der Professor wieder, dolmetscht die Fragen aus dem Publikum und meine Antworten. Danach im Hochhaus eine Runde von acht Leuten. Am Ende bin ich froh, daß ich nur wenige Schritte zu gehen brauche, um in mein Bett zu fallen.

10. Dezember

Heute in Segesta. Der dorische Tempel aus dem ersten Viertel des 5. Jahrhunderts vor Christus. Meine Begleiter, ein verliebter Student mit seiner Freundin, bleiben auf dem Parkplatz zurück. Ganz allein wandere ich durch vertrocknete Disteln und wilden Fenchel bergwärts. Am Ende eines weiten Tales liegt der Tempel einsam auf einer Anhöhe. Nur das Geräusch des Streifens der verdorrten Kräuter an meinen Schuhen ist zu hören. Ansonsten Stille. Nicht einmal ein Vogellaut. Dann bin ich in der mächtigen Säulenhalle, die nie fertig geworden ist, ihr Dach der Himmel. Die verwitterten jahrtausendealten dorischen Säulen. Die hohe Lichtintensität. Die Dezembersonne steht schon tief. Klare starke Schatten.

Der letzte Abend in Palermo. Zu zweit. Die Leiterin des Goethe-Institutes erzählt von ihrem in Chile 1973 verschollenen Mann, ihr gemeinsames Kind war vier Jahre. Die Nähe, die sich einstellt. Ähnlich war es in Genua. Die Lebensklugheit, Kultiviertheit, Souveränität; die Wärme dieser beiden Frauen. Unsere intensiven Gespräche. Das Sich-Öffnen. Und dann der Abbruch. Das Wissen, sich im Leben vielleicht nie wiederzusehen. Oder ist das gerade die Bedingung dieser rückhaltlosen Nähe? Der Unterschied zu Rom. Da bleibt alles Distanz.

11. Dezember
In Palermo am Morgen heftiger Regen. Der Himmel ist schwarz. Dann kommt die Sonne, und ein Regenbogen leuchtet über der Stadt. Ein Geschenk zum Abschied.

Sophie bemerkt, dass ihr Weg sie nahe an Bilbao vorbeiführt. Die Fotos des gewellten, silberglänzenden Guggenheim-Museums reißen sie aus ihrer Starre.
Pierre ist nicht besonders beeindruckt von diesen Bildern, die er in- und auswendig kennt. Das war eines der ersten größeren Projekte, mit denen er sich im Architekturstudium beschäftigt hat. Erinnerungen an seine Studienfahrt nach Spanien werden wach. Dann fällt ihm eine Silvesterfeier ein, ein riesiges Besäufnis in einer durchgeknallten Stimmung, nach der er sich plötzlich sehnt. Er spielte im Schulorchester Posaune. Der fröhliche Lärm dröhnt in seinem Kopf. Andere Erinnerungsfetzen tauchen auf. Cécile, mit dem Tuch in den Haaren und den grünen Augen, das erste Mal, als sie sich in ihrer Dienstmädchenkammer unter dem Dach geliebt hatten, damals, bevor er Anaïs kennenlernte.
Auf der Rückbank vergisst Anatole seine Müdig-

keit und die Verwirrung wegen Sophie. Am Guggenheim-Museum vorbeifahren, ohne anzuhalten?

Besorgt erkennt Pierre, dass sich der Alte wieder in die Erregung hineinsteigert, die sie zur Dune du Pilat geführt hat. Er versucht das Thema zu wechseln:

»Ich möchte bald bei unserer nächsten Etappe ankommen: Burgos. Lies mal in deinem Führer, Sophie, ich glaube, das ist eine sehr nette Stadt.«

»Warten Sie!«, ruft Anatole, und Pierre zieht instinktiv den Kopf ein.

Und schon legt der Alte los: Sie können auf keinen Fall so nah an Bilbao vorbeifahren, ohne dieses futuristische Museum zu besichtigen. Das ist ein Meisterwerk der zeitgenössischen Architektur, ein Werk des glänzenden Frank Gehry, seine Form ist einzigartig! Außerdem wird es Manon sehr gefallen, draußen stehen lustige Skulpturen.

Sophie bestätigt, dass das Museum eine Pause wert ist, außerdem liegt es auf dem Weg. Anatole wirft ihr einen dankbaren Blick zu.

Pierre sieht auf die Uhr und schielt zu dem Foto, das ihm Sophie hinhält. Er erinnert sich an seine

Faszination beim Anblick dieses Ensembles gerundeter Bleche, die sich in alle Richtungen ausbreiten und im Sonnenlicht funkeln.
Bis Burgos sind es nur noch zwei Stunden. Alle haben Schmerzen in den Beinen und seit dem Abstieg von der Düne ist die Stimmung nicht gerade heiter gewesen. Pierre seufzt: Sie werden also in Bilbao Kaffee trinken, der Umweg ist nicht so groß. Bei dieser Ankündigung verbessert sich die Atmosphäre schlagartig.

Dann erreichen sie die Mautstelle zwischen Frankreich und Spanien. Wegen einer langen Lastwagenschlange müssen sie zehn Minuten warten. Und schon rollen sie ganz langsam über die Autovía del Norte.
Manon ist überrascht, wie einfach es war, die Grenze zu überqueren. Wo sind die Hunde, die im Kofferraum schnüffeln? Und die Polizisten, die die Leute ans Auto drücken, wie im Film?
Anatole setzt zu einer langen Rede an, von der sie nichts versteht: Schengener Abkommen, Europäische Union, Freizügigkeit, Schließung der Zollstellen, die in Raststätten umgewandelt wurden,

wenn man sie nicht den Sprayern überlassen hat. Sie nickt, als würde sie etwas begreifen, während sie die erste Meldung der Autobahnpolizei entziffert: *Fahren Sie langsam.*

Sie lassen San Sebastián hinter sich. Manon sieht aus dem Fenster: grüne Hügel über dem Meer und ein paar Weizenfelder. Nichts Bedrohliches bis jetzt. Es sieht sogar ganz hübsch aus.

Je näher sie Bilbao kommen, desto heißer wird es.

Sophie schaltet die Klimaanlage ein, nachdem sie sich versichert hat, dass es Anatole nicht stört. Angesichts ihrer Rücksicht ärgert ihn seine übertriebene Reaktion auf der Düne noch mehr.

Eine halbe Stunde später sind sie da. Pierre erkennt die graue Industriestadt nicht wieder, durch die er als Student gefahren ist. Damals war es eine riesige Baustelle. Dort, wo früher Absperrungen und Kräne waren, gibt es heute Grünflächen, eine Straßenbahn und Fahrradwege.

Als sie sich von hinten dem Museum nähern, reißt Manon beim Anblick des seltsamen silbernen Schiffs am Ufer des Nervión die Augen auf.

»Wie das Haus von Außerirdischen«, staunt sie.

Pierre kurvt eine Viertelstunde durch die nahegelegenen Nebenstraßen, ehe er einen Parkplatz findet.
»Verdammter Mist, immer dasselbe in diesen Touristenorten!«
Sophie legt ihm die Hand auf den Arm: Es ist gerade vier Uhr, das Abendziel ist nicht mehr weit, kein Grund zur Sorge. Als sie aussteigen, stehen sie direkt vor einer Bäckerei. Manon will ein Eis. Alle ziehen Pullover und Jacken aus. Es ist mindestens fünfzehn Grad wärmer als bei ihrer morgendlichen Abreise in Nantes.
Sophie holt einen weichen, violetten Basthut aus der Tasche. Die breiten Ränder bedecken zum Teil ihr Gesicht, eine Margerite ziert die schwarze Borte. Wenn sie noch ein Kleid aus der Zeit anhätte, könnte man meinen, sie sei gerade einem Roman von Jane Austen entstiegen, denkt Anatole. Aber so, mit ihren engen Jeans und dem breiten Kreuz, ist sie nur ein blasses Spiegelbild von Elizabeth Bennet auf einem stürmischen See. Darcy würde sich nicht täuschen lassen.
Pierre spendiert seinen Reisegefährten ein Eis. Bei dieser Hitze nehmen alle das Angebot begeistert

an, und bald laufen sie auf der Suche nach Schatten dicht an den Häusern entlang und lecken an ihren Schoko-, Mango- und Zitronenkugeln.

Ein paar Straßen weiter taucht das Guggenheim-Museum vor ihnen auf. Manon rennt über die Straße und lässt fast ihr Eis fallen: Sie hat einen riesigen blühenden Hund entdeckt, der vor dem Gebäude sitzt und sie magnetisch anzieht. Auch Sophie ist verzaubert: Von weitem erinnert er sie an das Maskottchen des Schmuckherstellers, für den sie schwärmt. Anatole sieht sich die mehr als zehn Meter hohe Blütenskulptur aus der Nähe an. Er wusste doch, dass so was einem Kind gefällt.
Den Reiseführer in der Hand, beginnt er zu erklären: Der Hund aus Holz und Stahl ist mit Erde bedeckt, die Blumen, die darin wachsen, werden zweimal im Jahr ausgetauscht. Die Basken nennen ihn Puppy.
Das Mädchen läuft um den Riesenhund herum und ruft:
»Puppy, Puppy, na komm, mein Hundchen, komm.«

Anatole und Sophie lächeln, als sie ihm die Hand mit unsichtbarem Zucker hinhält.
Nur Pierre scheint von diesem total geschmacklosen Blütenungeheuer alles andere als fasziniert zu sein. Grimmig starrt er Manon an.
»Was ist los, Papa? Habe ich Schokolade im Gesicht verschmiert?«
»Wir schwitzen uns halbtot, musst du ständig dieses Tuch um den Hals tragen?«
»Ja, ich will es umbehalten.«
»Es gehört nicht dir, sondern deiner Mutter. Ich möchte, dass du es nicht überall mitschleppst. Sonst geht es noch verloren.«
»Wenn Mama es so gern hätte, hätte sie es mitgenommen.«
Pierre schiebt Sophie beiseite, die sich einmischen will.
Er streckt Manon seine verkrampfte Hand hin.
»Hör mal, mein Schatz. Du bist nicht mehr drei. Gib mir das Tuch.«
Manon weicht entsetzt zurück, während Pierre mit starrem Gesicht auf sie zukommt. In diesem Moment verabscheut sie ihn. Er ist einer der Wölfe geworden. Seine Augen glänzen ganz unge-

wöhnlich und werden gelb. Weil er sie weiter bedrängt, flüchtet sie zum Eingang des Museums und schreit:
»Niemals hätte Mama das von mir verlangt!«
»Natürlich nicht, sie ist ja abgehauen!«

Die Passanten gehen langsamer, um die Szene zu verfolgen. Anatole wirft Pierre einen mörderischen Blick zu, den dieser ignoriert: Der Alte geht ihm auf die Nerven. Diese kurze Pause ist reine Zeitverschwendung, er bedauert schon, dass er zugestimmt hat. Er ist nicht in Stimmung, den Hanswurst zu spielen und wie ein Tourist herumzuspazieren.
Die Kleine sitzt auf der Erde, den Rücken an das Bauwerk aus Titan und Glas gelehnt, zusammengekauert wie noch vor wenigen Tagen im Garten: die Beine angezogen, die Stirn auf den Knien. Tausend Bilder sausen durch ihren kleinen Kopf, der nichts mehr von der Welt sehen will, die sie umgibt: ihre Mutter, die aus dem Nichts auftaucht und sie tröstet, ihre Birke, ihre Katzen, der Kleine Prinz, der sie an der Hand nimmt und zu seinem Planeten führt, weit weg, ganz weit, so weit wie möglich

weg von diesem Vater, der sie nicht liebt, von diesen Erwachsenen, die nur streiten können.
Plötzlich legt sich ein Schatten über sie und eine Hand streichelt ihr Haar. Mit aller Macht betet sie, dass es ihre Mutter sein möge. Vielleicht wurde ihr Wunsch erfüllt. Sie hat aufgepasst, nicht auf die Linien auf dem Bürgersteig zu treten, als sie aus dem Auto gestiegen ist, und auch nicht auf die Fugen zwischen den Steinplatten vor dem Museum.
Eine schwere Last senkt sich auf ihren Rücken und lässt sie aufschreien. Der Geruch von Eau de Cologne dringt in ihre Nase.
»Entschuldige, ich habe das Gleichgewicht verloren. Alles in Ordnung?«
Sie wendet ihr vom Weinen geschwollenes Gesicht dem Alten zu, der sich auf ihre Schulter gestützt aufrichtet.
»Ja, und du, hast du dir wehgetan?«
»Du hast meinen Sturz gedämpft, danke.«
Sie schenken sich ein kleines Lächeln. Dann flüstert Manon:
»Weißt du, meine Birke ... sie fehlt mir. Ich hätte sie so gern mitgenommen.«

Anatole lehnt sich an die Glaswand. Er beschreibt ihr, was er empfand, wenn er mit dem Fernglas durch die Sümpfe schlich: Die Bäume sind alle miteinander verbunden und lebendiger, als man glaubt. Sie muss ihnen nur zuhören, dann wird sie in jedem Baum ihre Birke wiederfinden.
Ein gelber Schmetterling flattert vorbei. Das Mädchen folgt ihm mit den Augen, ehe es Anatole einen seltsamen Gedanken anvertraut:
»Vielleicht reisen die Bäume nachts.«
Anatole blickt sie erstaunt an. Bäume, die nachts reisen?
Er stellt sich vor, wie sich ganze Wälder von den Sternen geleitet durch ein Meer der Finsternis bewegen, er sieht sie vor sich, die entwurzelte Masse, die in betäubender Stille durch die Welt zieht, ihre Reglosigkeit hinter sich zurücklässt und dann im Schutz der Dunkelheit vor dem Morgengrauen an ihren Platz zurückkehrt.
»Vielleicht …«
Manon kann wieder lächeln. In der Nacht wird ihre Birke sie besuchen. Sie wird einen Ast durch das offene Fenster stecken, und sie wird die Blätter auf ihrer Haut spüren.

Anatole möchte sie auf andere Gedanken bringen.
»Ich werde dir zwei tolle Sachen zeigen. Die eine scheint aus einem Traum zu stammen, die andere aus einem Alptraum.«
Manon ist neugierig. Der Alte winkt Sophie und Pierre, sie sollen ins Museum gehen. Pierre nickt zögerlich. Auch Anatole ist nicht wohl in seiner Haut, er macht sich Vorwürfe: Ganz offensichtlich nerven diese Umwege Pierre, der am liebsten in einem Rutsch bis Marokko fahren würde.
Manon drückt das von ihren Tränen ganz feuchte Tuch an die Nase, schnuppert nach dem letzten Hauch von Parfum. Niemals wird sie es hergeben. Dann fasst sie Anatole bei der Hand.
»Und wo sind jetzt deine Überraschungen?«

Anatole führt sie durch das Atrium, eine riesige, lichtdurchflutete Halle mit Wänden aus Stahl, Stein und Glas, gekrönt mit einer gläsernen Kuppel. Manon kommt sich ganz klein vor, wie in einer anderen Dimension. Mit den Augen folgt sie dem unglaublichen Gewirr von gebogenen Brü-

cken, gläsernen Aufzügen und Treppentürmen, die verschiedene Galerien verbinden.
Beeindruckt folgt sie Anatole auf eine große Terrasse über einem Fluss an der Rückseite des Silberschiffs. Diesen Teil des Museums, ein Durcheinander gewellter Formen und funkelnder Materialien, haben sie schon beim Ankommen gesehen.
Der alte Lehrer führt Manon an den linken Rand der Terrasse und zeigt ihr eine Skulptur aus riesenhaften Tulpen, die direkt aus dem Boden wachsen.
»Ich schenke dir diesen bescheidenen Strauß. Er kommt aus dem Weltraum. Wenn du näher herangehst, siehst du das Leben in Rosa, Gelb oder Blau.«
Fasziniert starrt Manon auf die sieben meterhohen, stählernen Blumen. Sie zeigen das Spiegelbild der Sonne und der Besucher, die sie fotografieren, das Abbild der Stadt, des Flusses und des Museums, das in den Rundungen der grünen, roten und orangenen Blüten noch stärker zu wogen scheint.
Obwohl der verchromte Strauß tonnenschwer

sein muss, sieht er aus, als würde er im nächsten Moment davonfliegen und sich über dem Wasser verstreuen. Manon streicht über die Metallkugeln am unteren Ende der Stiele, schreit auf und zieht blitzartig die Hand zurück: Die Sonne hat sie zum Glühen gebracht. Vor jeder Blume geht sie auf und ab und amüsiert sich über ihr verzerrtes Spiegelbild.
»War das der Traum?«
»Ja.«
»Ich will dich nicht enttäuschen, aber wir bekommen mit deinem Geschenk vielleicht ein Platzproblem im Auto.«
Anatole lacht.
Sie gehen zum anderen Ende der Terrasse. Als sie an der Balustrade angekommen sind, zeigt er ihr eine vielbeinige Figur weiter unten auf der Esplanade zwischen Museum und Fluss.
»Die ist ja riesig! Ist sie echt?«, kreischt Manon entsetzt.
»Nein, die Spinne ist aus Bronze und Marmor. Sie ist fast zehn Meter hoch. Stell dir vor, sie würde sich auf uns stürzen! Das wäre grauenvoll. Das ist einer der schlimmsten Alpträume. Die Künst-

lerin, die sie geschaffen hat, heißt Louise Bourgeois.«
Manon ist fasziniert von dieser Welt, in der alles größer, glänzender, farbiger ist, ein für die Riesen der Zukunft geschaffenes Universum.
Das ist ganz anders als die Dune du Pilat, aber beide Orte vereint eine Spur vom Zauber des Kleinen Prinzen: dort die Wüste, in der er auf den Piloten gestoßen ist, hier die Blumen, die auf einem anderen Planeten gewachsen zu sein scheinen.

Der Alte und das Mädchen lehnen an der Balustrade und blicken auf das Wasser, die Spinne, die Museumsbesucher, die die Esplanade entlangschlendern, und die silbernen, blendenden Rundungen des seltsamen Schiffes. Ihre Arme berühren sich, die Sonne wärmt ihre Gesichter, sie fühlen sich wohl.
Ein Kind hat ein Spielzeugsegelboot in den Fluss gesetzt, das in Richtung Golf von Biskaya davonschwimmt. Als der kleine Junge begreift, dass es nicht zurückkommen wird, weint er und drückt seinen Teddy an sich. Die Mutter nimmt ihn auf den Arm und flüstert beruhigend auf ihn ein,

während er verzweifelt dem verlorenen Spielzeug nachsieht. Manon malt sich aus, dass sie ihm ein neues Boot verspricht, während sie seine Tränen wegküsst. Er hat vielleicht sein Spielzeug verloren, aber er hat etwas tausendmal Kostbareres: die Liebe seiner Mutter. Sie ist da, ganz nah, ganz wirklich, er kann sie anfassen. Sie schwimmt nicht auf dem Wasser davon, vom Meereswind angelockt, und er weiß nicht einmal, was er für ein Glück hat. Er starrt weiter auf das Segelboot und würdigt sie keines Blickes.
Ein Marienkäfer setzt sich auf Manons Arm. Das kitzelt. Sie zeigt ihn Anatole, der mit ihr die schwarzen Punkte auf seinen Deckflügeln zählt. Er erklärt ihr, dass man daran seine Art erkennt, nicht sein Alter, auch wenn das immer wieder behauptet wird, genauso, wie es heißt, alte Leute seien taub.

Plötzlich ertönt hinter ihnen eine ungeduldige Stimme. Pierre sucht sie seit einer Viertelstunde, er erinnert sie daran, dass sie nicht hier übernachten wollen.
Um ihn von dem Tuch abzulenken, aber auch in

der Hoffnung auf Versöhnung, zeigt ihm Manon die Riesentulpen am anderen Ende der Terrasse. Die Ehrfurcht in ihrem Gesicht besänftigt Pierre. Für einen Moment verdeckt sie die unsichtbare Anaïs, die ihn überallhin verfolgt. Ja, er ist daran vorbeigelaufen, der Strauß ist wunderbar. Die Verlegenheit erstickt seine Stimme. Schließlich stammelt er eine Entschuldigung und nimmt sie bei der Hand, ohne ein weiteres Wort über das blaue Tuch zu verlieren.

Auf dem Weg zum Atrium sehen sie Sophie die verchromten Blumen umkreisen. Sie betrachtet sich in der gelben Blüte, dann tritt sie zurück und wendet das Gesicht ab, als weckte das, was sie sieht, schlechte Erinnerungen: die Farbe der Düne, der Spott über ihre Perücke, vielleicht ist ihr auch das eigene Spiegelbild fremd.

Pierre ruft sie mit strenger Stimme. Sofort steht seine Schwägerin stramm: Sie drückt die Beine durch, stampft mit ihren Sandalen auf den Boden, legt eine Hand an die Stirn und brüllt:

»Jawohl, Chef!«

Sie wirkt so komisch als Wachoffizier, mit ihren engen Jeans, dem T-Shirt mit dem Gesicht von

Marilyn Monroe und dem violetten Hut, dass sie alle lachen müssen. Die Touristen sehen zu ihnen hin. Wahrscheinlich denken sie, dass ihre kleine Truppe bester Laune sei, überlegt sich Anatole. Vielleicht beneiden sie sie sogar, ohne die Kehrseite der Medaille zu sehen.

Pierre hebt Manons Hand hoch und drückt einen Kuss darauf, der sie erröten lässt. Er flüstert: »Ich hab dich lieb, mein Schatz«, und Anatole sieht erfreut, wie die Kleine vor Glück strahlt.

[…]

Ein letzter Blick auf das Silberschiff und Puppy, dann tauchen sie in die von Wohnhäusern eingeschlossenen Gassen ein, um zum Auto zurückzukehren, das sich in der Zwischenzeit ordentlich aufgeheizt hat. Pierre schreit auf, als er das glühende Lenkrad berührt. Er dreht die Klimaanlage voll auf und fährt los: Das Verlangen, schnell nach Marokko zu kommen, betäubt seine Handflächen. Er fühlt sich trotz der Hitze wohl. Die Erleichterung, weil er Manon sagen konnte, wie lieb er sie hat, und die Aussicht, seine Frau wiederzusehen, verleihen ihm Flügel. Wenn sie sich nur durch die Fenster hindurch entfalten könnten, um sie schnurstracks vor Anaïs' Haus zu tragen, wäre er wunschlos glücklich.

Anatole hatte gehofft, das Sitzen würde eine Erlösung sein. Aber seine Muskeln lassen ihn für das lange Stehen büßen, und die Entlastung zeigt nicht die erwünschte Wirkung: Sein Rücken ist ein Feld voller Minen, die bei der geringsten Bewegung nacheinander explodieren. Seine Arme und Beine gleichen schlaffen Tentakeln, die von tausend unsichtbaren Nadeln durchbohrt werden.

Aber er ist fest entschlossen, den Schmerz zu ignorieren. Noch vor ein paar Tagen waren seine Wehwehchen das Einzige, wodurch er noch ein bisschen existierte, wenn er die Ärzte aufsuchte oder seine Medikamente in der Apotheke holte. Sein körperlicher Verfall war die beste Rechtfertigung, um nur noch auf den Sensenmann zu warten, eingeschlossen in seiner Wohnung, deren einziger Besucher zweimal am Tag der Lieferant des Fertigessens war.

Eine kleine Hand berührt seinen Arm.

»Wie alt warst du, als du zum letzten Mal in dem Museum warst?«

»Da war ich ein junger Rentner. Und heute bin ich ein alter Knochen.«
»Ein alter Knochen ist im Müll, nicht in Spanien.«
Anatoles Lachen mündet in einen Hustenanfall.
»Hoffentlich haben wir heute Abend gute Betten«, sagt er mit einem schwachen Lächeln. Seine Augen sind gerötet.
Sein Körper kann ihm noch so viele Verfallssignale schicken, er wird sie ignorieren! Es gibt kein besseres Morphium, als Manon neben sich zu haben.
Durch den Schleier seiner Gedanken sieht er das Baskenland vorüberziehen: goldene Täler, funkelnde Bergketten, Schlösser, Dörfer und Wälder.

LILY BRETT

Das Auto

Im Sommer, als ich nach Monaten zum erstenmal wieder in Shelter Island war, gab mein Auto auf dem Supermarkt-Parkplatz den Geist auf.
Shelter Island ist ein ruhiger Flecken, zwei Stunden Fahrzeit von Manhattan entfernt. Jedes Jahr verbringe ich einen Teil des Sommers dort. Der Puls der Insel spiegelt sich im Polizeibericht, der einmal wöchentlich im *Shelter Island Reporter* veröffentlicht wird.
Letzte Woche meldete der Polizeibericht drei verschiedene Unfälle, bei denen ein Wildtier von einem Automobil angefahren worden war. Und es wurde berichtet, daß jemand sich über Hundegebell beschwert hatte und daß ein Arbeiter der Telefongesellschaft von einem Truthahn angefallen worden war. »Der Besitzer des Aggressors konnte den Vogel einfangen. Schadensersatz wurde nicht geltend gemacht«, schloß der Bericht.
Daß mein Auto den Geist aufgab, ärgerte mich maßlos. Ich hatte mich auf Ruhe und Einsam-

keit gefreut. Immer wieder drehte ich den Zündschlüssel in der Hoffnung, den Wagen doch noch zu starten. Der Motor gab keinen Mucks von sich. Meine Bemühungen waren aussichtslos.

Ich mag mein Auto nur, wenn es funktioniert. Jedes wärmere Gefühl, das ich einmal für diesen Wagen empfunden haben mag, hat sich rapide abgekühlt, seit er begonnen hat auseinanderzufallen.

Es ist ein Lincoln Continental, Baujahr 1986. Er soll viele Dinge können. Er soll einem die Außentemperatur und die Fahrtrichtung mitteilen können.

Aber die Temperatur, die die Elektronik des Wagens meldet, paßt nie zum Wetter. Und der Orientierungssinn dieses Autos ist mehr als fragwürdig.

Ich bin schon im Kreis gefahren, bis mir schwindlig wurde, um zu sehen, ob der Wagen angeben konnte, daß wir nach Süden oder Südwesten fuhren. Er konnte es nicht.

Als er auf dem Supermarkt-Parkplatz den Geist aufgab, war ich erbost. Das war der letzte Tropfen. Ich starrte das Auto zornig an. Nichts geschah.

Ein Auto einzuschüchtern ist ähnlich schwer, wie die eigenen erwachsenen Kinder einzuschüchtern. Ich stieg aus und trat gegen einen der Reifen. Es brachte mir keine Erleichterung.
Ich versuchte mich zu beruhigen. Mich daran zu erinnern, daß ich hergekommen war, um Ruhe zu finden. Um gewöhnliche Dinge zu tun. Zum Beispiel einen Automechaniker anzurufen und auf ihn zu warten.
»Wagen defekt?« fragte ein Mann, der an mir vorbeikam. Ich nickte finster. »Ich glaube, die Batterie ist leer«, sagte ich. Er ging zu seinem Wagen, um ein Starthilfekabel zu holen.
Als er fünf Minuten später wiederkam, hatten mittlerweile drei Leute angeboten, einen Automechaniker für mich zu holen. Aber das Starthilfekabel genügte. Der Wagen sprang an.
Ich fuhr rückwärts aus meiner Parklücke. Ich hatte gerade genug Zeit, ein Gefühl des Triumphs zu empfinden, bevor der Wagen stehenblieb. Ich befand mich noch immer auf dem Parkplatz. Ich stieg aus.
Die allgemeine Meinung auf dem Parkplatz war die, daß ich eine neue Batterie benötigte. Die Stim-

mung rings um mein streikendes Auto war munter und ausgelassen.
Ich merkte, daß es mir Spaß machte. Alle waren so fröhlich und so hilfsbereit. Auf diesem Supermarkt-Parkplatz herrschte eine bessere Stimmung als bei den meisten Essenseinladungen.
Eine Stunde nachdem mein Auto zum erstenmal den Geist aufgegeben hatte, besaß ich einige neue Freunde.
Schließlich bekamen wir den Wagen wieder in Gang. Ich fuhr in die Werkstatt. Unterwegs blieb er drei weitere Male stehen.
Jedesmal hielten Leute neben mir an und boten ihre Hilfe an. Alle waren hilfsbereit. Männer und Frauen beugten sich über den Motor.
Als die neue Batterie eingebaut war, war es später Nachmittag. Ich war nicht am Strand gewesen, wo ich zu sitzen pflege und wachsamen Auges nach Kriebelmücken und Stechmücken Ausschau halte, weil ich Insektenstiche nicht vertrage.
Ich hatte nicht im Teich geschwommen und dabei versucht, nicht an die bissige Schildkröte zu denken, die dort lebt. Ich hatte den schönsten Tag seit Jahren auf dem Land verbracht.

DAPHNE DU MAURIER
Zauberhaftes Cornwall

Der Eisenbahnwaggon war voll. Wir waren in Begleitung unserer Mutter und einer neuen Kinderfrau. Außerdem eines Kindermädchens und einer Gouvernante für die Ferien. Tatsächlich hatte sich alles verändert, und es waren sehr viele Personen, die sich um drei kleine Kinder kümmerten.
Der Zug fuhr in einen geschäftigen Bahnhof ein. Es herrschten Durcheinander und Geschrei. Wir alle waren müde. Um uns aufzumuntern, sagte unsere Mutter: »Wenn wir Plymouth hinter uns haben, kommen wir zu einer Brücke, und sobald wir die Brücke überquert haben, sind wir in Cornwall.«
Voller Erwartung hüpften wir aufgeregt auf der Stelle. Das Warten war unerträglich. Die Erwachsenen lächelten geheimnisvoll. Endlich verließ der Zug den Bahnhof, und bald darauf war ein merkwürdiges Rattern zu hören, als die Waggonräder auf die Brücke auffuhren. Um unsere fieberhafte Erregung noch weiter anzustacheln, hob die Gou-

vernante warnend die Hand. »Macht schnell die Augen zu«, befahl sie, »und macht sie erst wieder auf, wenn wir in Cornwall sind.«

Wir gehorchten, doch ich schummelte und öffnete meine, während wir uns noch auf der Brücke befanden. Es gab nichts zu sehen, nur Ausschnitte von Wasser zwischen etwas, bei dem es sich wohl um Eisenträger handelte. Das Geräusch des ratternden Zuges war furchterregend. Im einen Augenblick war es hell, im nächsten dunkel, dann hell, dann wieder dunkel. Ich war verwirrt, und die wenigen Augenblicke kamen mir vor wie Stunden. Plötzlich brach das Rattern ab, und die Räder änderten ihre Melodie. Überall war Licht, und die Sonne strömte durch das Waggonfenster.

»So. Jetzt sind wir in Cornwall«, sagte unsere Mutter und lachte.

Ich blickte hinaus und war ernüchtert. Was war hier anders? Die Landschaft sah unverändert aus. Häuser auf einem Hügel, noch ein kleiner Bahnhof, sogar die Menschen und die Träger auf dem Bahnsteig waren gleich. Was hatte ich erwartet?

Alle fingen gleichzeitig an zu reden. Die neue Kinderfrau hantierte mit dem Picknickkorb. Man reichte uns Tassen voll Milch, belegte Brote, Rosinenbrötchen. Angeblich war etwas Gewaltiges geschehen, als wir von Devonshire nach Cornwall übergesetzt waren.
Tief enttäuscht starrte ich weiter aus dem Fenster. Es musste ein Irrtum sein. Irgendwo erwartete uns das verborgene Land. Das war es nicht.

Im Alter von fünf Jahren, Mullion Cove ... Im Alter von zehn Jahren, Kennack Sands ... Im Alter von neunzehn Jahren, der erste Blick auf den Hafen von Fowey ... Die Kinder, die die Tamar-Brücke nach Cornwall schon zuvor zweimal überquert hatten, waren größer geworden, obwohl die Jüngste noch immer ein Schulmädchen war.
Wir waren mit jeder Faser zu Abenteuern bereit, doch der Käfig hielt uns gefangen. Tatsächlich war der Käfig alles, was wir kannten. Der mit Sand bestreute Boden, die Körner, das Wasser, sogar die Stange, auf der wir hocken konnten, die Schaukel, um uns aufzuheitern. Wir waren um-

hegt, geliebt, beschützt. Kein Trio von Turteltauben konnte sich mehr wünschen.
Der Mietwagen kurvte schwungvoll um den Hügel, und unvermittelt tat sich unter uns in einem ausladenden Bogen der Hafen von Fowey auf. Der Kontrast zwischen der weiten Wasserfläche, den nahen Landungsbrücken, den ankernden Schiffen und auf der anderen Seite den grauen Dächern von Fowey, den auf dem Hügel gegenüber der Hafenmündung eng aneinandergedrängten Häuschen von Polruan und dem engen, klaustrophobischen Looe, wo wir die Nacht verbracht hatten, war erstaunlich, wie ein Tor zu einer anderen Welt. Plötzlich war ich hochfliegender Stimmung.
Der Mietwagen setzte unsere Mutter und uns am Fuß des Hügels bei der Fähre ab. Entweder konnten wir mit der Fähre nach Fowey übersetzen oder zuerst hier in Bodinnick im Ferry Inn zu Mittag essen. Es war beinahe ein Uhr, und wir entschieden uns für Letzteres. Bevor wir zum Mittagessen den Hügel hinaufstiegen, fiel unser Blick auf ein Schild an einem Tor gleich oberhalb der Fähre, auf dem »Zu verkaufen« stand. Hinter

dem Tor war ein verwahrlostes Grundstück zu sehen und direkt am Ufer ein Haus, ein seltsam aussehendes Gebäude im Stil eines Schweizer Chalets.

»Ja«, sagte der Fährmann, der in der Nähe stand, »man nennt es Swiss Cottage. Früher wurden hier Boote gebaut, unten, und der zweite Stock wurde als Speicher benutzt. Der oberste Stock diente zum Wohnen. Ja, es steht tatsächlich zum Verkauf.«

Wir gingen in den Gasthof, um zu Mittag zu essen, und danach, beim Kaffee, unterhielt sich unsere Mutter mit dem Besitzer und erkundigte sich zuerst nach einer Unterkunft auf der gegenüberliegenden Seite in Fowey. Wir seien auf einer Reise durch Cornwall, erklärte sie, und sähen uns dabei nach einem Haus für die Ferien um; wir kämen aus London, aus Hampstead.

Ich war zu ungeduldig, um zu warten, als die Unterhaltung sich in die Länge zog. Ich gab den anderen mit dem Kopf ein Zeichen, dass sie mir folgen sollten, und überließ meine Mutter ihrem Gespräch. Wir gingen den Hügel hinunter. Meine Schwestern probierten das Tor nahe der Fähre

und betraten das Grundstück. Ich machte noch ein Tor ausfindig und einen Pfad, der zur anderen Seite des Hauses führte. Hier gab es einen Garten, oder etwas, das einem Garten ähnelte, eine terrassierte Fläche über der anderen, und der Chaletteil des Hauses, der, wie es schien, gegen den Fels gebaut war, wies nach vorne mit Fenstern, die auf die Hafenmündung hinausblickten. Ich stand unterhalb des Chalets, das Wasser zu meinen Füßen, und schaute über die Hafenmündung. Überall lagen kleine Boote und Yachten vor Anker, doch noch aufregender war ein großes Schiff, das mit zwei Begleitschleppern näher kam und ein paar Kabellängen vom Haus entfernt festmachte.
In der Luft lag der Geruch nach Teer und Tauen und rostigen Ketten, der Geruch nach Tidenwasser. Unten am Hafen, hinter der Landspitze, erstreckte sich das offene Meer. Hier lag die Freiheit, die ich ersehnte, seit langem suchte, noch nicht kannte. Die Freiheit, zu schreiben, zu flanieren, zu wandern, die Freiheit, Hügel zu erklimmen, ein Boot zu rudern, allein zu sein. Es konnte nicht nur der Zufall sein, der uns zu dieser Fähre und an den Fuß von Bodinnick Hill geführt hatte,

und damit zu dem Tor mit dem Schild, auf dem ›Zu verkaufen‹ stand. Mir fiel eine Zeile aus einem längst vergessenen Buch wieder ein, in der ein Liebender zum ersten Mal seine Auserwählte erblickt: »Ich für dies, und dies für mich.« Der Käfig war nicht verschlossen, und von den drei Tauben sollte ich die erste sein, die flügge wurde. Der Weg tat sich auf.

Die Erinnerungen stürzen auf mich ein, rasch und in großer Zahl. Ich lerne rudern, scullen, ein Kaninchen fangen und einen Fisch ausnehmen. Klettere auf die rostenden Rümpfe verlassener Schiffe. Bade nackt in einsamen Buchten. Schleiche mich heimlich auf Grundstücke, breche sogar in mit Läden verschlossene Fenster ein, meinen Mischlingshund auf den Fersen. »Wird es nicht langsam Zeit, dass Du nach London zurückkehrst? Wir können uns nicht vorstellen, womit Du Dir in Cornwall überhaupt die Zeit vertreibst. Mummy und Daddy vermissen Dich schrecklich.« Ein zarter Hinweis meiner Tante und Patin, im Feuereifer ihrer Hingabe für die vereinte Familie. Sie war es, die mir mit fünf die Tauben geschenkt hatte. Der scharfe Holzgeruch eines Lagerfeuers. Das Brackwasser, wenn man ein sumpfiges Moor durchquerte. Die hohen Schornsteine des Jamaica Inn. Die herrliche Abgeschiedenheit eines grauen Herrenhauses tief zwischen hohen Bäumen und verwilderten Rhododendren, dessen Besitzer nie zu Hause war. Wenn ich beim Pferdetoto gewann, könnte ich vielleicht dort leben. Menabilly … Menabilly … Manderley …

»On the road to Manderley,
Where the flyin' fishes play …«

Eine Verwirklichung dieses Traums lag in weiter Ferne. Die Fensterluke, die auf den Hafen von Fowey hinausging, war noch immer mein Trost, und später ein gutaussehender Fremder auf einem vorbeifahrenden Motorboot, der zum Gruß winkte und später, bei Dunkelheit, mit der Schläue eines Soldaten ein Stelldichein mit mir verabredete. Ein paar Monate später schaute ich an meinem Hochzeitstag um acht Uhr morgens aus derselben Fensterluke und sah, dass die Häuser gegenüber geflaggt hatten, um die Braut zu grüßen, die übers Wasser zur Kirche fuhr und von der Hafenmündung aus zu ihrer Hochzeitsreise aufbrach, an den Helford River und zum Frenchman's Creek, in demselben Motorboot, das der Ort ihres ersten Stelldicheins gewesen war.

Später besaßen wir andere Boote, doch dies war seine erste Liebe, *Ygdrasil*, nach der Esche aus der nordischen Mythologie, unter der die Götter täglich ihren Rat abhielten. Jahr für Jahr wurden neue Maschinen eingebaut und wieder herausgerissen, in dem inbrünstigen Glauben, dass das Boot höchste Brecher bewältigen und auf ihnen zu fernen Horizonten segeln würde. Das Boot war unerschütterlich und ausdauernd und machte nie mehr als sieben Knoten. Und während ich dies in den sechziger Jahren niederschreibe, sind etwa vierunddreißig Jahre vergangen, und jetzt liegt es, dem Meer zugewandt, auf den Feldern Menabillys auf dem Trockenen, damit die Enkelkinder darin spielen können. In Nottingham erbaut, kreuzte es südwestlich in kornischen Gewässern und fand dabei, wie ihr Besitzer, Zufriedenheit. Weder das Soldatenleben noch die Kriege, für die Soldaten ausgebildet werden und in denen sie eines Tages kämpfen müssen, minderten seine Leidenschaft für das Meer.

Sein Beruf führte uns häufig von unserem geliebten Cornwall fort, doch wenn wir frei hatten und in den Ferien kehrten wir immer zurück. Einmal, von romantischem Eifer und von der Himmel weiß was für jungenhaften Träumen von Kavalieren und Rundköpfen beseelt, brachte er sein Grenadierbataillon nach Fowey und ließ es auf der Halbinsel Gribbin kämpfen. Der Kompaniekommandeur, der Befehl hatte, Gribbin anzugreifen, verirrte sich mit seinen Mannen hoffnungslos in den Wäldern von Menabilly und trat untröstlich den Rückzug an, das Ziel unerreicht. Heute ist dieser Kompaniekommandeur Generalmajor, und sollte ich ihm mit meiner Schilderung nicht ganz gerecht geworden sein, wird er mich in seinen Memoiren zweifellos berichtigen.
Der echte Krieg brach aus, hob Leben und Freizeit aus den Fugen, und inmitten all dessen wurde Cornwall damals für immer zu unserem wahren Zuhause. In Plymouth mochten die Bomben fallen, die Fenster klappern und über dem Strand von Pridmouth Minen explodieren, Fowey und sein Hafen zur Planung des D-Days der amerikanischen Marine überlassen werden, doch hier

in Menabilly wuchsen die Kinder heran und gediehen. Jetzt haben sie ihre Schwingen ausgebreitet und sind ausgeflogen, wie vor langer Zeit meine Tauben aus ihrem Käfig. Die Tür stand offen. Wir glaubten nicht an Gitter.

Erinnerungen sind kostbar und, ob gut oder schlecht, niemals traurig. Ein Land, das man in all seinen Stimmungen kennt und liebt, webt sich in das Muster des Lebens ein und wird zu etwas, das geteilt und sichtbar gemacht werden muss. Wer in Cornwall geboren und aufgewachsen ist, hat gewiss das größte Verständnis für seine Menschen und ihre Lebensweise, für ihre Geschichte und ihre Legenden, ihre Möglichkeiten für künftiges Wachstum. Als eine, die seit langer Zeit versucht, dieses Land kennenzulernen, mit fünf Jahren auf der Suche nach Freiheit und später, um Wurzeln zu schlagen und Zufriedenheit zu finden, habe ich auf diesem Weg nur eine kurze Strecke zurückgelegt. Schönheit und Geheimnis locken noch immer.

PIERRE-HENRY SALFATI/ALEXANDER SCHULLER

Der letzte Mentsch

In Debrecén endete die Autobahn. Sie quälten sich in Richtung rumänischer Grenze durch die verstopfte Stadt, und beide ahnten, dass die letzten hundert Kilometer länger dauern könnten. Schwere Sattelzüge überholten Pferdefuhrwerke – und wurden dabei häufig selbst überholt. Gegenverkehr und Überholverbot schienen unbekannt zu sein. Alle paar Kilometer huschte ein Kreuz am Straßenrand vorbei. Immerhin war die ungarisch-rumänische Grenze bereits ausgeschildert, aber Marcus, der wieder seine angespannte Haltung angenommen hatte, meinte, dass es auf der rumänischen Seite mit dem Verkehr vermutlich noch schlimmer werden würde, und mit den Schlaglöchern natürlich auch. Ab und zu warf er einen Blick auf die Straßenkarte auf seinen Knien. Seine aufgekratzte Stimmung war verflogen.

»Wie viele Kilometer sind es denn noch?«, fragte Gül.

»So um die achtzig. Hundert vielleicht«, antwortete er mürrisch. »Musst du denn schon wieder rauchen? Pass auf – da vorn ist wieder ein Fuhrwerk!«
»Ich bin nicht blind, Marcus, danke!«, meinte Gül, jedoch in versöhnlichem Ton, um Marcus nicht zu reizen. »Wusstest du eigentlich, dass wir Türken die ›neuen Juden Europas‹ sind?« Ihre Frage irritierte ihn. »Hat so ein Türkeiforscher vor ein paar Jahren mal im Fernsehen gesagt. Wahrscheinlich, weil wir genauso beliebt sind wie ihr damals!«
Marcus wartete ein weiteres Überholmanöver ab, bevor er mühsam beherrscht antwortete: »Ich glaube nicht, dass du das vergleichen kannst, Gül. Die Nazis haben sechs Millionen Juden umgebracht!«
»Dann hast du ja ganz schön Glück gehabt, wie?«
»Ich weiß auch nicht, ob du das Glück nennen solltest.« Er schaute in die Karte. »Da vorne, das müsste Bogárzó sein.«
»Wie ist das eigentlich so gewesen, im Konzentrationslager?«

»Hab ich vergessen!«, raunzte er sie an. Vor ihnen tauchten auf der linken Seite mehrere Bauernhäuser auf. Die Grenze war nicht mehr weit.
»Ey, das interessiert mich wirklich!«, rief Gül.
»Dann kauf dir ein Buch!«, rief er unwirsch.
Gül sah ihn kopfschüttelnd an. Einen winzigen Augenblick zu lange. Aus den Augenwinkeln heraus nahm sie zwar noch die schnelle Bewegung wahr; sie trat instinktiv auf die Bremse, doch dann traf etwas Schweres den BMW vorn an der Motorhaube. Es gab einen dumpfen Knall, Glas splitterte, ein Schatten wurde durch die Luft geschleudert, doch es gelang ihr, das Auto in der Spur zu halten und am Straßenrand zum Stehen zu bringen. Marcus hielt sich kreidebleich am Armaturenbrett fest. Aus dem Kühler entwich weißer Dampf. Ein Lastzug schoss einen knappen halben Meter neben ihnen vorbei. Sein Signalhorn ließ beide zusammenfahren.
»Verdammt!«, schrie Gül, »was war das?«
»Fahr noch weiter rechts ran, sonst schieben uns die Lastwagen von der Straße. Und pass auf, wenn du aussteigst!«
»Hab ich etwa jemanden überfahren?«

»Ich glaube, es war ein Tier«, antwortete Marcus gefasst. Er fragte sich, warum die Airbags nicht explodiert waren.
Gül stieg aus. Mehrere Lastwagen donnerten dicht an ihr vorbei. Vom benachbarten Feld liefen ein paar Leute herbei. Gül quetschte sich vorsichtig um den Wagen herum. Ihr blieb fast das Herz stehen, als sie den eingedrückten Kühler sah. Die gesamte Frontpartie des BMW war kaputt, der linke Scheinwerfer zersplittert, die Frontschürze hing auf halb acht, und sogar die Motorhaube war in Mitleidenschaft gezogen. Ein paar Meter weiter lag ein großes Hausschwein im Straßengraben. Eine Sau. Das schwere Tier blutete aus dem Maul. Marcus kletterte aus dem BMW, betrachtete das Malheur und massierte dabei seinen Nacken.
»So eine verfluchte Scheiße!«, schrie Gül ihn an. »Saschka bringt mich um, wenn ich mit diesem Schrotthaufen zurückkomme.« Sie war den Tränen nahe.
Marcus wusste nicht, was er sagen sollte. Er wusste nur, dass die Reise an dieser Stelle für sie zu Ende war. Und wahrscheinlich lag die Schuld dafür

bei ihm. Er hätte lediglich ihre Fragen beantworten müssen.
Wenige Augenblicke später trafen vier ungarische Bauern am Unfallort ein. Einer kniete sich sofort neben die Sau und erlöste sie mit seinem großen Messer von den Qualen. Das Tier grunzte auf, als ihm die Klinge in seine Kehle fuhr. Ein dicker Strahl Blut schoss heraus. Einige Sekunden später lag das Schwein regungslos da. Nur das Blut strömte noch aus der Wunde. Gül schlug die Hände vors Gesicht.
»Tut sehr leid. Tut sehr leid mir. Ist wegrennen, das Schwein«, sagte einer der Bauern in gebrochenem Deutsch.
Marcus antwortete auf Ungarisch, dass sie wohl großes Glück gehabt hätten. Gül setzte sich auf den Beifahrersitz und zündete sich eine Zigarette an. Was geschehen war, war geschehen, und sie konnte mal wieder nicht mitreden. Ihre Gedanken kreisten ausschließlich um den kaputten BMW, um Saschka und um die Tatsache, dass sie jetzt erneut weglaufen musste, damit er sie nicht fertigmachen konnte; wieder woandershin, in eine andere Stadt, wo das Versteckspiel von

Neuem losgehen würde. Am besten war es wohl, wenn sie gar nicht erst nach Frankfurt zurückfuhr. Aber dann hätte sie auch keine Klamotten mehr. Verzweiflung überkam sie, sie wusste nicht, was sie tun sollte, und als sie ihre Zigarette bis zum Filter heruntergeraucht hatte, zündete sie sich sofort eine neue an. Der einzige Lichtblick war, dass Marcus sich mit den Einheimischen verständigen konnte.

Ein paar Minuten später beugte er sich zu Gül ins Wageninnere. Er übersah gnädig, dass sie im Auto rauchte. »Die Bauern werden ihn reparieren«, sagte er, »bis morgen schon.«

»Was wollen die?«

»Sie sagen, dass sie den Wagen reparieren können. Bis morgen früh. Sie kennen da eine Werkstatt, ein paar Kilometer zurück, die könnte das hinkriegen. Sie wollen den Wagen dorthin schleppen, und in einer Nacht ist das Auto von deinem Saschka dann wieder wie neu.«

»Das glaubst du doch selber nicht?«

»Haben wir eine andere Wahl?«

»Und was ist mit uns?«

»Na ja«, antwortete Marcus zögernd, »ich habe gefragt, ob es ein Hotel gibt oder eine Pension ...«

»Und?«

»Wir sind eingeladen«, meinte er und deutete auf die Bauernhäuser inmitten der Felder. »Dort übernachten wir. Kein Problem!«

»Kein Problem? Ach was!«

»Tja«, entgegnete Marcus, richtete sich wieder auf und schloss die Beifahrertür. Gül betrachtete versonnen ihre Zigarettenpackung. Sie hatte nur noch fünf Stück. Das sind ja tolle Aussichten, dachte sie, wirklich ganz großes Kino.

Eine halbe Stunde später wurde der BMW von einem Ochsenfuhrwerk zurück nach Vámospércs geschleppt. Der Bauer hatte Gül versprochen, Zigaretten mitzubringen, was sie milder stimmte. Immerhin besaßen die Einheimischen auch Mobiltelefone, sie konnte jetzt ihr Handy aufladen, aber das Satellitenfernsehen war defekt. Das Gästezimmer, das man ihr zugewiesen hatte, war erstaunlich sauber und besaß ein großes Doppelbett, aber Marcus hatte sofort angekündigt, dass ihm das Sofa in der guten Stube reiche.

Was Gül trotz des ganzen Ärgers jedoch gut gefiel, war die Landschaft. Die sanften Hügel, die dicht bewaldet waren und dann abrupt an Wiesen und Feldern endeten. Andererseits stank es erbärmlich nach Schweinestall. Die kleine Ansiedlung hatte sich als Mastbetrieb entpuppt, aber wenn man sich hier einige Zeit aufhielt, hatte Marcus gemeint, würde man den Geruch nicht mehr wahrnehmen. Und im angrenzenden Wald würde sie einen romantischen See finden. Das hätten ihm die Bauern erzählt, die sich wohl zunächst falsche Gedanken über das ungleiche Pärchen in dem teuren deutschen Auto machten. Gül konnte sich zwar nicht daran erinnern, jemals spazieren gegangen zu sein (und nach Romantik war ihr schon gar nicht zumute), aber drinnen im Haus war es ihr zu langweilig, und draußen auf dem Hof zerlegten die Ungarn das Unfallopfer, so dass sie notgedrungen doch zu Fuß die umliegende Gegend erkundete. Tatsächlich entdeckte sie den See, der sich allerdings bloß als ein größerer Teich entpuppte. Dort wohnte ein Fischreiher, der etwa alle zehn Minuten zum Sturzflug ansetzte und jedes Mal mit einer zappelnden Beute im Schnabel hinter den Baumwipfeln verschwand. Gül setzte sich ins Gras und schaute dem Vogel so lange bei seiner Jagd zu, bis sie nur noch eine Zigarette hatte. Dann ging sie langsam zu den Häusern zurück, legte sich im Gästezimmer auf ihr Bett und begann, mit ihrem Handy zu spielen. Als sie es einschaltete, meldete ihr das Telefon weitere Anrufe, alle von Saschka, aber der letzte war bereits vor zehn Stunden erfolgt, mitten in der Nacht. Gül nahm an, dass sie damit für ihn erledigt war. Nur die Sache mit seinem Auto war noch nicht erledigt.

»Wach, auf, Gül!«, hörte sie plötzlich eine Stimme sagen, die von ganz weit herkam.
Sie schlug die Augen auf. Im Zimmer war es dunkel. »Wie spät ist es?«, fragte sie benommen.
»Kurz nach acht«, antwortete Marcus. »Komm, es gibt Abendessen!«
»Mist!«, fluchte sie.
»Nein, Schweinebraten!«, kicherte Marcus, der offensichtlich getrunken hatte.

Ihre Gastgeber gaben sich große Mühe, Gül und Marcus so königlich wie nur möglich zu bewirten. Sie hatten mächtig aufgefahren. Der lange Küchentisch bog sich unter den Schüsseln mit frischem Gemüse und zwei gusseisernen Brätern, in denen vier geschmorte Haxen und ein aufgeschnittener Schinkenbraten angerichtet waren. Auch wenn sich insgesamt zwölf Personen um den Tisch versammelt hatten, fragte sich Gül, wer um alles in der Welt diese Massen aufessen sollte.

Marcus' Wangen waren leicht gerötet. Es gab ein großes Hallo, als Gül an den Tisch herantrat. Einer der Bauern sprang auf, zog den letzten freien Stuhl vom Tisch weg und bedeutete ihr übertrieben höflich, neben Marcus Platz zu nehmen. Ein anderer schenkte ihr ungefragt Rotwein ins Glas.

»Setz dich doch«, sagte Marcus, während er sich mit der Gabel eine zweite Scheibe Schweinebraten aus dem Bräter fischte.

»Ich fass' es nicht«, sagte Gül und beugte sich über den Tisch, »du versuchst Papiere aufzutreiben, die beweisen sollen, dass du ein echter Jude

bist, und dann stopfst du dich mit Schwein voll?«
Sie nahm Platz und starrte voller Ekel auf das Bratenstück auf ihrem Teller.
»Es soll doch nicht umsonst gestorben sein«, erwiderte er mit vollem Mund. »Außerdem ist mir heute nicht so koscher.« Er hielt seinem Tischnachbarn sein leeres Weinglas hin. Als der es rasch wieder gefüllt hatte, wollte Marcus mit Gül anstoßen, aber sie reagierte nicht. Also trank Marcus den ersten Schluck Wein allein. »Bitte erweise unseren Gastgebern die Ehre. Trink!«, forderte er sie auf, doch Gül schüttelte den Kopf. Er setzte das Weinglas erneut an die Lippen, leerte es in einem Zug und ließ sich sofort wieder nachschenken.
»Ist Alkohol bei euch nicht auch verboten?«, fragte sie.
Marcus spießte ein weiteres Stück Braten auf seine Gabel und hielt es ihr vor die Nase. »Erzähl mir nach gestern Nacht nicht, dass du praktizierende Muslima bist!«, sagte er und steckte sich den Bissen demonstrativ in den Mund.
»Wenn schon. Du bist doch hier der Heilige!«
Er winkte ab. »Ich bin Jude«, sagte er kauend,

»ich esse, wann, was und wie es mir passt. Und außerdem …«

Doch weiter kam er nicht. Er musste plötzlich husten. Rasch nahm er einen Schluck Rotwein, aber das machte die ganze Sache nur noch schlimmer. Er hatte sich verschluckt, der Husten hörte gar nicht mehr auf, er bekam keine Luft mehr und hielt sich seine Serviette vor den Mund. Sein Gesicht lief rot an. Er sprang auf und eilte aus der Küche. Gül und die Gastgeber blickten ihm besorgt hinterher, und als er auch nach zwei Minuten nicht zurückgekehrt war, folgte sie ihm auf den Hof hinaus.

Marcus hing mit dem Oberkörper über einem Holzzaun, rang nach Luft und wurde gleichzeitig von heftigem Würgereiz übermannt. Er tat Gül leid, aber es widerte sie auch an, als er endlich ein paar Brocken des faserigen Fleisches hochwürgte. Sie schwammen in Rotwein. Als er sich wieder aufrichtete, liefen ihm Tränen die Wangen hinunter. Erneut begann er zu husten.

»Geht's wieder?«, fragte sie, aber statt einer Antwort spuckte er ein Stück Schwarte aus. »Wenn du jetzt an diesem beschissenen Schweinefleisch

erstickst …«, sagte sie jammervoll. Marcus kam kurz zu Atem. Sie klopfte ihm auf den Rücken, aber er schüttelte den Kopf.
»Gleich«, stieß er keuchend hervor, »gleich!« Dann übergab er sich ein zweites Mal.

In der Nacht konnte Gül nicht einschlafen. Natürlich nur, weil sie den ganzen Nachmittag verpennt hatte, und die fremden Geräusche und der Gestank der Schweinezucht nervten sie höllisch. Dabei war es erst drei Uhr morgens. Zum Glück besaß sie zwei volle Schachteln Zigaretten. Sie schlüpfte in ihre Schuhe, nahm ihr Handy und schlich hinaus auf den Hof, wo sie einen wackeligen Stuhl fand, der über und über mit getrockneten Lackspritzern übersät war. Aber es machte keinen Spaß, vor dem Haus zu sitzen, eine nach der anderen zu rauchen und dabei zu versuchen, mit dem Handy im Internet zu surfen. Die Signalstärke war miserabel. Es dauerte endlos lange, bis sich eine Seite aufgebaut hatte, um dann gleich wieder abzustürzen.
Gül hielt es ungefähr eine Dreiviertelstunde draußen aus. Dann tappte sie zurück ins Haus, hun-

demüde und hellwach zugleich. Im Wohnzimmer brannte eine kleine Tischlampe in der Ecke, und es war wärmer als in ihrer Gästekammer. Marcus lag neben dem Sofa auf dem Dielenboden und schlief. Sie nahm an, dass er nichts dagegen haben würde, wenn sie sich in den Sessel setzte, zu ihm. Er atmete ruhig und schnarchte kaum. Gül kauerte still im Sessel, legte ihre Füße auf dem Wohnzimmertisch ab und versuchte, die Augen zuzumachen. Aber schon nach wenigen Minuten wusste sie, dass sie nicht einschlafen konnte.

Als Marcus sich irgendwann im Schlaf auf den Rücken drehte, rutschte der linke Arm von seiner Brust herunter. Im trüben Licht der kleinen Lampe erhaschte Gül einen Blick auf seine Tätowierung. Sie beugte sich vor, um die sechsstellige Zahl zu entziffern. Dazu musste sie ihren Kopf schief halten.

»Der Junge war Ukrainer. Er konnte kaum schreiben«, murmelte Marcus mit geschlossenen Augen.

Gül zuckte zusammen. »Das hat bestimmt furchtbar weh getan.«

»Nur die ersten fünfzig Jahre. Inzwischen spüre ich nichts mehr.«
»Ich meine, als die Nummer gestochen wurde.«
»Es war wochenlang entzündet«, nuschelte Marcus und tastete nach der Wolldecke.
»Wieso hast du sie nicht einfach wegmachen lassen?«
»Was meinst du mit wegmachen?«
»Na, weglasern. Ist heute doch überhaupt kein Ding.«
Marcus schlug die Augen auf und starrte an die Zimmerdecke. »Weißt du, es gab Zeiten, da war ich nichts weiter als diese Nummer.«
Gül deckte ihn zu. Dann sank sie zurück in den Sessel. »Aber wenn du deine Papiere hast, brauchst du sie ja nicht mehr.«
Marcus richtete sich auf. »Ja, da hast du schon wieder recht«, sagte er und sah sie überrascht an.
Gül versuchte erneut, zu schlafen. Marcus beobachtete sie noch eine Weile. Dann legte er sich wieder hin und schlief sofort ein. Das konnte er hervorragend. Einschlafen, von einer Minute

auf die andere. Und wieder aufwachen. Das hatte er gelernt, das hatte er sich antrainieren müssen. Um im Lager zu überleben, war es wichtig, jede noch so kurze Pause auszunutzen, um etwas zu essen und sich auszuruhen, wenn man nach zwölf, manchmal auch nach vierzehn oder sechzehn Stunden Arbeit in die Baracke zurückkehrte. Denn die Verbrennungsöfen feuerten ununterbrochen die fettige Asche in die Luft, und die Nazis waren scharf aufs Gold und den Schmuck derjenigen, die sie in die Gaskammern schickten. Auch am Gold, das die Juden in den Zähnen hatten. Marcus hatte zum Sonderkommando gehört. Er war ein Leichenjude gewesen, beim Sonderkommando, aber das hatten nicht einmal seine Freunde Janosz und Jakob gewusst.

Am nächsten Vormittag gegen elf hupte es vor dem Haus, und die Bauern präsentierten ihnen den reparierten BMW, als wäre er der Hauptgewinn einer Tombola. Selbst Gül musste zugeben, dass der Wagen fast wie neu aussah, aber eben nur fast. Die Ungarn hatten tatsächlich einen Kühlergrill sowie eine Frontschürze aufgetrieben, auch

den linken Scheinwerfer hatten sie ersetzt. Doch die Beulen aus der Motorhaube waren dilettantisch gespachtelt und lackiert worden, und als Gül den Motor starten wollte, schepperte es gewaltig.
Marcus stellte einen geflochtenen Korb mit Reiseproviant auf den Rücksitz, verabschiedete sich wortreich von ihren Gastgebern und stieg dann zu Gül in den Wagen.
»Mit der Karre kommen wir im Leben nicht an«, sagte sie und drückte ein paarmal aufs Gaspedal, damit er den wenig vertrauenerweckenden Klang des Motors hören konnte.
»Na ja«, meinte er ungerührt, während er sich anschnallte, »aber sie haben das eigentlich doch ganz gut hingekriegt. Er läuft doch wieder, fast wie neu.«
»Genau das meinte ich«, erwiderte sie mürrisch, schob den Automatikhebel zwei Stufen zurück und rollte vom Hof. Die Bauern winkten zum Abschied, Marcus winkte ebenfalls, aber Gül warf lieber keinen Blick zurück.

LINDA YELLIN

Mein Sommer mit Nora

Pammie Salus hat reich geheiratet und heißt seitdem Pamela Bendinger. An der Uni in Albany war sie in den letzten beiden Studienjahren meine Zimmergenossin. Damals wollte sie Souschefin werden, was von der Society-Lady, zu der sie es mittlerweile gebracht hat, nicht allzu weit entfernt ist. Zumindest orthographisch.

An Pammie war alles dran, was man braucht, um eine gute Partie zu machen. Lange Beine. Üppige Oberweite. Blonde Haare, bronzefarbener Teint. Früher kam ihre Bräune aus der Flasche, heute bringt sie sie aus dem Winterurlaub in Palm Springs mit. Sie behauptet steif und fest, nie im Leben darauf aus gewesen zu sein, sich einen zwanzig Jahre älteren, steinreichen Mann zu angeln. Es sei einfach so passiert. Wenn Sie mich fragen, hat es nicht unbedingt geschadet, im Minibikini vor den Sommervillen in den Hamptons am Strand auf und ab zu spazieren.

Und Simsalabim: Bruce Bendinger!

Pammie ist die dritte Mrs. Bruce Bendinger und kommt mit ihren beiden Vorgängerinnen überraschend gut zurecht. So handhabt man das eben unter Society-Ladys. Man freundet sich mit den Exfrauen seiner Männer an, damit man ihnen auf einer Party nicht aus dem Weg gehen muss. Und in den Hamptons, wo Bruce und Pammie jeden Sommer verbringen, lässt man sich so leicht keine Party entgehen. Das galt auch für Russell und mich. Weshalb wir selbstverständlich zusagten, als uns die Bendingers über das Memorial-Day-Wochenende in ihre Villa einluden.
Mag schon sein, dass der Sommer überall sonst am 20. Juni beginnt – aber nicht in New York. Dort fängt er Ende Mai an, weil ab dem Memorial-Day-Wochenende die Mietverträge für die Sommerhäuser in Kraft treten. Von da an hält es die Einwohner Manhattans nicht mehr auf ihrer Insel. Jeden Freitag fährt die halbe Stadt aufs Land, um sich mit ebendieser halben Stadt an den Strand zu legen. Wer kein eigenes Sommerhaus hat, mietet sich eins, und wer sich keins mietet, lässt sich einladen.
Was erstaunlich einfach ist.

Da die Wochenendhausbesitzer genug damit zu tun haben, den Grill zu bestücken und sich am eigenen Pool in der Sonne zu aalen, kommen sie nicht viel unter die Leute. Also laden sie sich Gäste ein. Seit Pammie zu Pamela mutiert ist, kann ich spätestens in der ersten Märzwoche mit ihrer Einladung rechnen. Sie ruft an und sagt: »Du darfst dir als Allererste ein Sommerwochenende aussuchen.«

»Kann ich mich anhand der Gästelisten entscheiden?«, frage ich.

»Wer sonst noch kommt, weiß ich nicht. Du bist die Erste, die ich frage. Aber wir laden schließlich *nur* faszinierende Persönlichkeiten ein.«

Bei den meisten Gästen, die ich im Hause Bendinger im Lauf der Jahre kennengelernt habe, würde es mir nicht eben leichtfallen, sie als faszinierend zu bezeichnen. Aber ich will nicht unhöflich sein, und weil Pammie so ungefähr der netteste Mensch ist, den man sich denken kann, sage ich: »Wie wär's mit dem Memorial-Day-Wochenende?« Dann hätten wir den Stress wenigstens schnell hinter uns.

Denn es *ist* Stress, vor allem das Gefühl, mit den

anderen faszinierenden Gästen um das faszinierendste Gastgeschenk wetteifern zu müssen. Was sie nicht alles anschleppen! Weinkühler, Bildbände, Handtücher, Strandtücher, Gästeseifen, Holztabletts, Salatbestecke, Bilderrahmen und getöpferte Keramiken mit Meeresmotiven. Ich wäre schon froh, wenn ich noch zusammenbekäme, mit welchem Liebhaber ich in welchem Sommer bei den Bendingers aufgekreuzt bin. Da kann ich mich nicht auch noch daran erinnern, ob ich das Make-up-Täschchen wirklich Pammie geschenkt habe oder nicht vielleicht doch meiner Freundin Nathalynne – damals, als ich noch mit Evan verheiratet und Nathalynne noch meine Freundin war. Apropos Evan: Er hätte sich einen Sommerpalast leisten können, aber er wollte nicht. Dieser Mann war der geborene Schmarotzer.

Natürlich wird jeglicher Erholungswert, den man sich von ein paar Tagen am Meer verspricht, durch die Hin- und Rückfahrt zunichtegemacht. Wer noch nie an einem sommerlichen Freitagabend auf dem Long Island Expressway im Stau gestanden hat, weiß nicht, wie eine Blechlawine aussieht.

»Schicke Hütte«, sagte Russell, als wir die Auffahrt der Bendingers hinaufrollten. Er parkte zwischen einem Mercedes und einem Lexus. Vor der Villa spielte Bruce mit Victor und Mooney, den zwei glücklichsten Schnauzern der Welt. Er winkte uns weiter nach links. Also ließ Russell den Motor wieder an und stellte den Wagen neben dem Haus ab.
»Wahrscheinlich will er nicht, dass wir ihm mit unserem Carsharing-Aufkleber die Auffahrt verschandeln«, sagte ich.
In den Hamptons geht es streng hierarchisch zu. Ob Südküste oder Nordküste, South Fork oder North Fork – subtilste Abstufungen bestimmen den Status. Irgendwie spielt wohl auch die relative Lage zum Montauk Highway mit hinein, aber solche Feinheiten übersteigen nicht nur mein Begriffsvermögen, sondern auch mein Interesse. Pamela geb. Pammie wohnt in East Hampton, dem *richtigen* Hampton.
[...]

Der Höhepunkt des Wochenendes war, von Sex und Völlegefühl einmal abgesehen, der Sonntagslunch, zu dem die Bendingers vierzig ihrer liebsten Nachbarn eingeladen hatten. Soll ich Ihnen das Geheimnis der Hamptons verraten? Den Grund dafür, warum gutbetuchte Mitmenschen einen hübschen Haufen Scheine hinblättern, um in einer Gegend, die früher nichts weiter als ein endloser Kartoffelacker war, ein Haus zu bauen, das selbst sie sich eigentlich kaum leisten können? Das Geheimnis ist die Luft. Es ist nicht die übliche Feld-Wald-und-Wiesen-Luft, die man sonst ein- und ausatmet. Es ist nicht einmal stinknormale Seeluft. Die Luft in den Hamptons ist leichter und frischer, sie hat einen verzaubernd silbrigen Schimmer. Die Strände glitzern, die sattgrünen Rasenflächen leuchten, und bei den Gesprächen über das Essen sprühen die Menschen nur so von Witz und Esprit. Und weil man eine solche Luft einfach feiern muss, wird immer irgendwo eine Party veranstaltet. Besonders gern bei den Bendingers.

»Kann ich dir irgendwie helfen?«, fragte ich Pamela, bevor die Lunchgäste eintrafen. »Den Pool abfischen? Aus den Servietten Schwäne falten?« Vielleicht hätte ich mich als Einparkhilfe anbieten sollen. Mir gingen nämlich die Augen über, als ich sah, wie viele Leute mit dem Auto ankutschiert kamen, obwohl sie nur ein paar hundert Meter entfernt wohnten.

Cocktails und Hors d'œuvres wurden auf der Terrasse serviert, begleitet von Harry Connick Jr., dessen eingängige Melodien aus den Deckenlautsprechern rieselten. Russell kostete das Wochenende in vollen Zügen aus. Er hatte am Vormittag schon Federball und Krocket gespielt, sich gesonnt, einige Bahnen im Pool gedreht und sich bei den anderen Gästen angelegentlich danach erkundigt, wie sie geschlafen hatten. Erwähnte jemand etwas von Rückenschmerzen, zückte er sofort seine Visitenkarte. Mir imponierte sein zupackender Opportunismus, auch wenn ich mich dafür fremdschämte. Während wir neben dem Rohkostbuffet standen, Russell einen Gin Tonic, ich einen Wodka Tonic in der Hand, raunte er mir zu: »Hier ist alles so nobel.«

[…]

Keine vier Schritte später stolperten wir über ein Ehepaar, das seine knusprige Sonnenbräune im Partnerlook spazierentrug.

»Darrin Aschbacher.« Der Mann gab mir die Hand. »Unternehmer.«
»Molly Hallberg.« Ich schlug ein. »Angestellte.«
»Ich bin Marya«, stellte die Frau sich vor. »Mit y.«
»Y? Wo?«, fragte ich begriffsstutzig.
»Alle glauben immer, mein Name würde mit i geschrieben, dabei ist es ein y.« Ihr Ton verriet, wie ihr dabei zumute war: *So hat eben jeder sein Päckchen zu tragen.*
»Dr. Russell Edley, Mediziner.« Russell schüttelte Darrin Aschbachers Unternehmerhand.
»Welches Fachgebiet?«, fragte Marya.
»Chiropraktik«, antwortete Russell.
»Ach, *so* eine Art von Mediziner.« Ihr Blick hätte kaum verächtlicher ausfallen können, wenn er ihr gestanden hätte, als Pizzaausfahrer zu jobben.
»Das halbe New York City Ballet lässt sich von Russell behandeln«, sprang ich ihm zur Seite.
»Das behauptet mein Chiropraktiker auch«, sagte Marya.
»Das behaupten sie alle«, sagte Darrin.
[...]
Während Russell und die Aschbachers sich in das

Thema Rückenschmerzen vertieften, fielen mir zwei neu eingetroffene Gäste auf, die über den Rasen zum Haus geschlendert kamen. Heike Vogel kannte ich aus der Zeitung; sie ist eine der einflussreichsten Produzentinnen Hollywoods – einer Spezies, die aus höchstens fünf Vertreterinnen besteht. Vor zwei Jahren hatte sie einen Megaflop hingelegt, eine Liebesgeschichte zwischen Justin Bieber und Diane Keaton, die gar nicht erst in die Kinos kam, sondern sofort auf DVD verramscht wurde. Während man noch munkelte, sie sei ruiniert, meldete sie sich auch schon mit einem Jennifer-Aniston-Blockbuster zurück. Der Streifen bekam zwar in der *EyeSpy*-Rezension nur einen halben Stern, war aber beim Publikum ein echter Renner – und für Heike Vogels Karriere die Rettung.

Mit ihren knallpinken Haaren und der überdimensionalen, schwarz geränderten Brille ist Heike leicht zu erkennen. Sie ist berühmt dafür, mit allen großen Studiobossen und Hollywoodlegenden geschlafen zu haben, doch inzwischen ist sie Ende sechzig, und die meisten Legenden sind tot. Ihr Begleiter trug eine Baseballkappe mit dem

Logo der Cincinnati Reds, mit der er noch stärker auffiel als Heike mit ihren Bonbonhaaren. Eine Baseballkappe sieht man in den Hamptons selten, eine Cincinnati-Reds-Kappe nie. Zwei Frauen gesellten sich zu dem Pärchen und begrüßten den Mann mit einem Küsschen. Heike zog weiter, in Richtung Bar. Der Mann nahm die Kappe ab und steckte sie in die Gesäßtasche. Er musste mindestens zwanzig Jahre jünger sein als Heike. War er ihr Sohn? Ihr Liebhaber? Ihr Baseball-Coach? [...]

Bruce gab Mr. Cincinnati Reds die Hand, Russell dem Unternehmer seine Visitenkarte und Pamela einem Kellner Saures. Als sie damit fertig war, nahm ich sie kurz beiseite.

»Na, amüsierst du dich?«

»Zu Tode. Sag mal, wer ist denn der Mann, der sich da mit Bruce und Marya unterhält?«

»Sie schreibt sich übrigens mit y. Komisch was?«

»Zum Kranklachen. Verrätst du mir, wer er ist?«

»Cameron Duncan. Heike Vogel hat ihn mitgebracht«, antwortete Pammie. »Sie hat sich die

Filmrechte an seinen letzten beiden Büchern gesichert. Schund. Krimis für Frauen. Würde unsereins nie lesen.«
»Aber wir sind doch Frauen.«
»Sein Detektiv, Mike Bing, ist wahnsinnig sensibel und zartbesaitet. Vor lauter Menschenfreundlichkeit tut er den bösen Buben nichts zuleide und sorgt nur dafür, dass sie ins Gefängnis wandern.«
»Schund«, sagte ich.
»In jedem Buch ist Mike Bing unsterblich verliebt, und in jedem Buch muss seine Freundin am Ende dran glauben. Die eine stirbt auf dem Kühlturm eines Atomkraftwerks. Eine andere erwischt es auf dem Washington Monument. Die Frauen sind immer irgendwo ganz weit oben, wo er sie nicht retten kann.«
»Du liest ihn also doch, gib's zu.«
»Jetzt hast du mich ertappt.« Pammie grinste. »Aber was ich dich noch fragen wollte … Wozu brauchte Russell heute Morgen eigentlich das Salz?«
»Er ist ein Gurgler.« Bevor ich mich beherrschen konnte, fing ich auch schon an, ihn mit blubbern-

den Rachengeräuschen nachzuäffen. Aber nur ganz kurz. Es gehört sich nicht, sich vor anderen Leuten über seinen eigenen Freund lustig zu machen. »Pammie, woher wusstest du, dass Bruce der Richtige für dich ist?«

Sie ließ den Blick über die feudale Villa und den prächtigen Garten schweifen. »Ich wusste es einfach.«

Ich legte ihr den Arm um die Schultern. »Du warst schon immer ein helles Köpfchen.«

Pammie starrte empört zum anderen Ende des Rasens. »Ich fasse es nicht!« Marya Aschbacher und eine andere Frau ordneten die Tischkärtchen neu. »So etwas kann ich auf den Tod nicht ausstehen!« Sie wandte sich wieder zu mir um. »Unterhalte dich doch mal mit Cameron. Du bist schließlich auch von der schreibenden Zunft. Und jetzt: Essen fassen!« Schon zog sie los und machte die Runde, um ihre Gäste zu bitten, sich in Richtung Tisch in Bewegung zu setzen.

Als ich Russell wiederfand, unterhielt er sich gerade mit einem Mann, der karierte Bermudashorts mit Hosenträgern trug – aber nicht das Opa-Modell, sondern schnieke Wall-Street-Ho-

senträger. Russell überreichte ihm seine Visitenkarte. »Darf ich vorstellen? Meine Partnerin Molly«, sagte er. »Molly, Thatcher Kamin.«
»Fusionen und Akquisitionen«, ergänzte Thatcher und gab mir die Hand.
»Super!«, sagte ich. »Könnte ich vielleicht gleich Ihre Aufmerksamkeit akquirieren? Pamela bittet nämlich zu Tisch.«
»Oh«, sagte Thatcher. »Dann gehe ich mal lieber meine Frau suchen.«
Nachdem ich mich bei Russell untergehakt hatte, schlossen wir uns der Prozession in die unendlichen Weiten des Gartens an. [...]
Eine weiß eingedeckte Tafel erstreckte sich über die gesamte Breite des Rasens. Als hätte man uns in ein Bühnenbild aus dem *Paten* versetzt. Während wir nach unseren Tischkärtchen Ausschau hielten, versuchte Pamela noch hektisch, sie an ihre ursprünglichen Plätze zu stellen. »Ich hatte euch Männlein-Weiblein, Männlein-Weiblein gesetzt!«, sagte sie. Doch sie konnte die Kärtchen gar nicht so schnell zurücktauschen, wie zwei Frauen Reise nach Jerusalem spielten und zwei Stühle kaperten, während sich eine Dritte mit der Hand-

tasche ihren Wunschplatz sicherte. Nachdem Pamela mit einem letzten verzweifelten Kärtchentausch zwei enttäuschte Seufzer und mehrere Klagen ausgelöst hatte, gab sie sich geschlagen.

Mich hatte sie bei sich am Kopfende des Tisches platziert, gleich neben Cameron Duncan. Bruce hielt am unteren Ende Hof. Im Zuge des fröhlichen Kärtchen-wechsel-dich-Getümmels hatte es Russell zwei Plätze weiter nach schräg gegenüber verschlagen, neben eine Schönheit mit Südstaatenakzent, die sich als Lindy Sue Michaels vorstellte, Innenarchitektin. Zur Rechten von Lindy Sue und mir direkt gegenüber hatte Rachel Starr Platz genommen, ihres Zeichens Gartenbauarchitektin.

Die Frau auf meiner von Cameron abgewandten Seite beugte sich an mir vorbei, drückte ihm die Hand – für meinen Geschmack eine Spur zu lange und zu fest – und sagte: »Ich bin Blair Kamin.« Offenbar hatte Thatcher Kamin seine Gattin nicht mehr rechtzeitig gefunden, um den Tausch der Tischkarten verhindern zu können. Er war am Fußende neben Bruce gelandet. »Wahnsinn, Sie sind es leibhaftig«, sagte Blair, während sie mir

den Ellenbogen fast ins Gesicht rammte. Cameron war von einem Meer aus weiblichen Fans umgeben: auf seiner anderen Seite Heike Vogel, Marya Aschbacher gegenüber. Und nicht zu vergessen Pamela, das heimliche Cameron-Groupie.
Bruce stand auf, um eine kleine Ansprache zu halten. Erst hieß er seine Nachbarn willkommen, dann den Sommer. Anschließend erhob auch Pamela ihr Glas, und alles prostete sich zu. Cameron Duncan lächelte, als er mit mir anstieß. Er lächelte, als er mit Rachel Starr anstieß. Er lächelte für Heike, Marya und Pamela. Zuletzt umkurvte er mit dem Weinglas geschickt den Brotkorb und stieß auch noch mit Lindy Sue an. Er verteilte seine Gunst gerecht nach allen Seiten.
Lindy Sue zwinkerte ihm zu und wandte sich dann an Russell: »Ist das Ihr Wasserglas oder mein Wasserglas?«
»Ihres«, antwortete er.
Auch er bekam ein Zwinkern ab. Sie trug eine Weste und einen Fransenschal, den sie sich über die Schultern drapiert hatte. Sonst nichts. Nur Schal und Weste.
Thatcher Kamin brachte ebenfalls einen Toast aus

und dankte Pamela und Bruce für ihre Gastfreundschaft. Unter erneutem fröhlichem Gläserklirren lächelte Cameron mich ein zweites Mal an. »Ich freue mich, Sie kennenzulernen.« Die schmachtenden Weiber reichten ihm offenbar nicht; jetzt musste er auch noch mich bezirzen. »Was machen Sie so beruflich?«

»Ich schreibe für *EyeSpy*. Bin fürs Vermischte zuständig.«

»Ein weites Feld.«

»Man ackert, was man kann.«

Kaum waren die Trinksprüche abgeebbt, brach die Essenslawine los: Platten mit luftgetrockneter spanischer Wurst und über Apfelbaumholz geräuchertem Schinken, frischer Gänseleberpastete und portugiesischem Käse, Tabletts mit schottischem Wildlachs und Ziegenkäse im Feigenblatt. Fruchtiger Cabernet und vollmundiger Merlot flossen in Strömen.

Während Rachel mir den Lachs reichte, sagte sie: »Ich fasse es nicht, dass Sie noch nie einen Mike-Bing-Krimi gelesen haben. Am Ende des Buchs steht er immer mit gebrochenem Herzen da, weil jedes Mal seine Freundin getötet wird.«

»Dann scheint er aber als Detektiv nicht viel zu taugen«, murmelte ich.
»Er ist einfach wunderbar«, seufzte Lindy Sue und zwinkerte Cameron zu.
»Pamela, die Wurst ist fantastisch«, sagte Marya.
»Danke«, antwortete Pamela. »Übrigens, deine Ohrringe sind umwerfend.«
[…]

Das Essen wurde ab-, das Dessert aufgetragen – Käsekuchen mit Zitrone, Schokoladengugelhupf mit Englischer Creme, pochierte Birnen in Aprikosensauce, frische Wassermelonenscheiben. Die Konversation zerfiel in Einzelgespräche. Pamela unterhielt sich mit Marya und der beiddäumig simsenden Heike, Rachel mit Lindy Sue. Russell gab Blair seine Visitenkarte. Am unteren Tischende maßen Thatcher und Darrin sich neben einem Teller mit pastellfarbenen Makronen im Armdrücken. Während ich der Wassermelone zu Leibe rückte, blieb als Gesprächspartner nur Cameron übrig. In meinen Augen ist die kernlose Wassermelone die größte Errungenschaft der Menschheit. Gleich nach der Haftnotiz.

»Wenn Ihr Mike Bing sich so gut auf die Liebe versteht, kann er sie doch bestimmt erkennen, wenn sie ihm über den Weg läuft.« Ich verzehrte meine Melonenscheibe mit Messer und Gabel; zu Hause hätte ich das Fruchtfleisch einfach aus der Schale geknabbert. »Was würden Sie sagen? Woher weiß er, ob er die wahre Liebe gefunden hat?«

»Dafür genügt ihm ein Blick in seine Kristallkugel.«

»War das eine ernst gemeinte Antwort?«

»War das eine ernst gemeinte Frage?«

»Schon möglich«, sagte ich.

»Wenn Sie die Melone salzen, kommt der Geschmack noch besser zur Geltung. Dadurch wird sie besonders lecker.«

»Sie hat schon Geschmack. Ich kann ihn schmecken.« Ich aß salzlos weiter.

»Bei uns in der Prärie, wo ich herkomme, schwört man auf Melone mit Salz.« Cameron sah mir und meiner Melone aufmerksam zu. Als Aktmodell hatte ich mich weniger gehemmt gefühlt.

Ich sagte: »Ihr Detektiv muss ja ein unwiderstehliches Kerlchen sein, wenn er in jedem Buch eine neue Freundin findet.«

»Er glaubt an die Liebe, er kämpft um sie. Mike Bing ist ein Romantiker.«
»Und frei erfunden.«
»Aber doch aus dem Leben gegriffen.«
Meine kernlose Melone überraschte mich mit einem Kern. Hinter damenhaft vorgehaltener Hand versuchte ich, mich des kleinen Störenfrieds möglichst unauffällig zu entledigen. Pamela wäre sicher nicht entzückt gewesen, wenn ich ihn einfach auf den Rasen gespuckt hätte.
»Haben Mike Bings Freundinnen eigentlich irgendwelche Gemeinsamkeiten? Mal abgesehen davon, dass sie am Ende alle das Zeitliche segnen?«
»Ja. Sie salzen ihre Wassermelonen.«
»Dann passe ich ja gar nicht ins Beuteschema.«
»Da wäre er wohl anderer Meinung.«
Bevor ich ein verächtliches *Ha!* ausstoßen, genervt die Augen verdrehen und mit der Bemerkung kontern konnte, seine Prosa sei hoffentlich etwas weniger plump als seine Anmache, sagte er: »Sie haben Melonensaft im Gesicht.« Er deutete auf meine Serviette. »Darf ich?« Ich warf einen Blick auf Russell. Der unterhielt sich mit Lindy Sue und aß einen Blini.

»Das kann ich schon alleine.« Ich wischte mir den Saft ab.
»Sie haben nicht alles erwischt.«
»Hab ich wohl.«
»Glauben Sie mir.«
Cameron beugte sich vor, nahm mir die Serviette aus der Hand und tupfte mir behutsam, ja fast liebevoll das Kinn ab. Obwohl die Reinigungsaktion keine zwei Sekunden gedauert hatte, glaubte ich, den sanften Druck seiner Finger noch immer auf meiner Haut zu spüren. Ein warmes, verwirrendes Gefühl.
Er lächelte mir verschwörerisch zu, als teilten wir plötzlich ein kleines Geheimnis.
Während meine innere Molly sich noch darüber wunderte, was zum Henker das nun wieder zu bedeuten hatte, legte Pammie die Hände megafonförmig an den Mund und rief: »Wer hat Lust auf Touch Football?«
[…]

Stoßstange an Stoßstange, Gehupe um Gehupe quälten wir uns am Abend im Schneckentempo nach Hause. Während wir abwechselnd die Klimaanlage rauf- und wieder runterdrehten und im Autoradio mal Russells, mal meinen Lieblingssender einstellten, sagte ich: »Was ist dieser Cameron Duncan doch für ein arroganter Affe.«

Die nächste Begegnung fand am sechsten Tag der Überfahrt vor dem Abendessen statt. Max Costa tanzte bereits seit einer halben Stunde mit Frauen verschiedenen Alters, einschließlich der Amerikanerin mit den fünf Dollar und Miss Honeybee, als der Oberkellner Schmöcker Frau de Troeye zu ihrem Tisch geleitete. Sie war allein, wie am ersten Abend. Als Max in ihre Nähe kam, er tanzte gerade *La canción del ukelele* mit einem der brasilianischen Mädchen, sah er den Kellner einen Champagner-Cocktail servieren, während sie sich eine Zigarette in einem kurzen Elfenbeinmundstück anzündete. Anstelle des Perlencolliers trug sie eines aus Bernstein. Ihr Kleid aus schwarzem Satin ließ wieder den Rücken unbedeckt, sie hatte das brillantineglänzende Haar jungenhaft nach hinten frisiert und die Augen mit einer sauberen schwarzen Linie mandelförmig geschminkt. Der Eintänzer sah immer wieder zu ihr hin, ohne dass es ihm gelang, einen ihrer Blicke zu erhaschen. Also wechselte er im Vorbeitanzen ein paar Worte mit den Musikern, und als diese bereitwillig einen Tango anstimmten – *Adiós, muchachos* –, der gerade in Mode war, verabschiedete er sich von der Brasilianerin und trat bei den ersten Takten an den Tisch der Frau, verneigte sich leicht und wartete mit seinem liebenswürdigsten Lächeln, während die Tanzfläche sich bereits mit Paaren füllte. Mecha Inzunza de Troeye blickte ihn einige Sekunden lang an, und er fürchtete schon, abgewiesen zu werden. Doch dann legte sie die Zigarettenspitze in den Aschenbecher. Sie erhob sich aufreizend langsam, und die Geste, mit der sie die linke Hand auf seine Schulter senkte, erschien ihm unendlich träge. Doch die Melodie, die ihre schönste Stelle schon fast erreicht hatte, umfing sie beide, und Max wusste im selben Augenblick, dass die Musik auf seiner Seite war.

Sie tanzte erstaunlich gut, wie er aufs Neue feststellte. Beim Tango ging es nicht um Spontaneität, sondern darum, eine Absicht anzudeuten und sie stumm, in fast grimmigem Schweigen, unverzüglich auszuführen. Und so waren ihre Bewegungen ein ständiger Wechsel von Begegnung und Trennung, berechnendem Ausweichen und gegenseitigem Einvernehmen, während sie zwischen den anderen Paaren, die sich meist recht unbeholfen über das Parkett schoben, ganz selbstverständlich dahinglitten. Max wusste aus Erfahrung, dass Tangotanzen ohne eine geübte Partnerin unmöglich war, denn die Frau musste sich einem Tanz anpassen können, bei dem der Mann die Bewegung abrupt unterbrach und sie festhielt, während sie wie in einem spielerischen Kampf versuchen musste, seinen Armen zu entfliehen, um dann ihrerseits innezuhalten und sich stolz und verführerisch zu ergeben. Und diese Frau war eine solche Partnerin.

Sie tanzten zwei Tangos hintereinander – *Champagne Tango* hieß der andere –, ohne dass sie ein einziges Wort wechselten, gingen vollkommen auf in der Musik, dem Vergnügen an der Bewegung, der gelegentlichen Berührung von Satin und Flanell; und Max genoss die Nähe ihres jungen, warmen Körpers, die Linien ihres Gesichts, die sich fortsetzten über das straff zurückgekämmte Haar, den Nacken und den bloßen Rücken. Und als sie in der Pause zwischen zwei Tänzen einander gegenüberstanden, ein wenig außer Atem von der Anstrengung, in Erwartung des nächsten Titels, ohne dass sie den Wunsch äußerte, an ihren Tisch zurückzukehren, und er ein paar winzige Schweißperlen auf ihrer Oberlippe entdeckte, zog er eines seiner beiden Taschentücher heraus, nicht das aus seiner Brusttasche, sondern eines, das er, frisch gebügelt und blütenweiß, in der Innentasche seines Fracks trug, und hielt es ihr unbefangen hin. Sie nahm das gefaltete Batisttüchlein, tupfte sich über den Mund und reichte es ihm zurück, mit einer Spur von Feuchtigkeit und einem zarten Lippenstiftfleck. Sie machte nicht einmal Anstalten, zu ihrem Tisch zu gehen, wo ihre Handtasche lag, um sich die Nase zu pudern, wie Max erwartet hatte. So trocknete auch er sich den Schweiß auf Oberlippe und Stirn, bevor er das Tuch wieder einsteckte, wobei der Frau nicht entging, dass er es als Erstes zum Mund führte, und als ein neuer Tango einsetzte, tanzten sie in demselben Einklang weiter. Doch hielt die Frau den Blick nun nicht mehr in die Weiten des Salons gerichtet: Wenn sie nach einer schwierigen Drehung oder einer besonders gelungenen Figur zum Stillstand kamen, sahen sie einander jetzt fest in die Augen, ehe sie die Erstarrung lösten und mit dem nächsten Takt eine neue Schrittfolge begannen. Und als er einmal mit ernster, undurchdringlicher Miene mitten in der Bewegung ruckartig innehielt, drängte sie sich unvermittelt mit dem ganzen Körper an ihn und wand sich mit graziler, weiblicher Anmut von einer Seite zur anderen, als kämpfte sie gegen seine Umarmung an, ohne sich wirklich daraus befreien zu wollen. Zum ersten Mal, seit er das Tanzen zu seinem Beruf gemacht hatte, fühlte sich Max versucht, seine Partnerin zu küssen, diesen langen, jungen, anmutigen Hals mit den Lippen zu berühren. In diesem Moment bemerkte er aus dem Augenwinkel ihren Ehemann, der inzwischen mit übereinandergeschlagenen Beinen rauchend am Tisch saß und sie trotz seiner scheinbaren Teilnahmslosigkeit nicht aus den Augen ließ. Und als er wieder zu ihr hinsah, trafen ihn zwei goldene Blitze, die sich zu vervielfältigen schienen im Schweigen ewiger, altersloser Weiblichkeit. Alldem, wovon der Mann nichts weiß.

Das Fumoir des Überseedampfers war sowohl über die Erste-Klasse-Decks backbord und steuerbord als auch vom Bugdeck aus zu erreichen, und Max Costa besuchte es in der Tanzpause während des Abendessens, weil er wusste, dass es um diese Zeit so gut wie leer war. Der Kellner servierte ihm einen doppelten Espresso in einer Tasse mit dem Emblem der Hamburg-Südamerikanischen. Nachdem er die Frackschleife und den gestärkten Kragen ein wenig gelockert hatte, rauchte er eine Zigarette und sah aus dem Fenster, wo zwischen den Spiegelungen des erleuchteten Raums die Nacht zu erahnen war und der Mond die Plattform am Bug in helles Licht tauchte. Allmählich leerte sich der Speisesaal, und immer mehr Passagiere kamen herein und besetzten die Tische, darum stand Max auf und ging. An der Tür trat er zur Seite, um eine Gruppe von rauchenden Männern vorbeizulassen, unter denen er Armando de Troeye erkannte. Der Komponist war nicht in Begleitung seiner Frau, und auf dem Weg vom Steuerborddeck zum Ballsaal versuchte er sie unter den Damen und Herren auszumachen, die, in Mäntel und Umhänge gehüllt, an

Deck frische Luft schöpften und aufs Meer hinaus blickten. Die Nacht war mild, doch begann der Atlantik zum ersten Mal, seit sie in Lissabon abgelegt hatten, sich zu kräuseln. Und obgleich die Cap Polonio mit moderner Stabilisierungstechnik ausgerüstet war, löste das Schwanken allgemeine Besorgnis aus. Der Tanzsaal war für den Rest des Abends nur spärlich besucht, viele Tische blieben leer, auch der des Ehepaars de Troeye. Die Ersten wurden bereits seekrank, und die musikalische Unterhaltung war früh zu Ende. Max hatte wenig zu tun, gerade mal ein paar Walzer, und konnte sich zeitig zurückziehen.

Sie begegneten sich am Aufzug vor den großen Spiegeln der Haupttreppe, als er auf dem Weg zu seiner Kabine in der zweiten Klasse war. Sie hatte ein Cape aus grauem Fuchspelz umgelegt, hielt ein Lamétäschchen in der Hand und war allein. Während sie auf eines der Flanierdecks zuschritt, bewunderte Max ihren festen Gang trotz der hohen Hacken und des Schaukelns, denn selbst auf einem so großen Schiff wie diesem konnte der Boden bei aufgewühlter See auf unangenehme Weise schwanken. Er machte kehrt, öffnete die Tür, die ins Freie führte, und hielt sie offen, bis die Frau draußen war. Mit einem knappen »Danke« ging sie an ihm vorbei, und Max neigte den Kopf, schloss die Tür und ging weiter, acht, zehn Schritte, den letzten langsam, gedankenversunken, dann blieb er stehen. Zum Teufel, sagte er sich, warum sollte ich es nicht auf einen Versuch ankommen lassen. Mit der gebotenen Vorsicht.

Er sah sie sofort, wie sie im matten Licht der salzüberkrusteten Glühbirnen an der Reling entlangspazierte, und vertrat ihr den Weg. Wahrscheinlich hatte sie das Bedürfnis, sich den Wind ins Gesicht blasen zu lassen, um der Seekrankheit entgegenzuwirken. Die meisten Passagiere hielten sich überwiegend in ihren Kabinen auf, die sie im Kampf gegen ihre jeweiligen Magenverstimmungen manchmal tagelang nicht verließen. Einen Moment lang glaubte Max, Mecha Inzunza würde weitergehen und tun, als hätte sie ihn nicht gesehen. Aber nein. Sie blickte ihn an, reglos und schweigend.

»Es hat Spaß gemacht«, sagte sie unvermittelt.

Max schaffte es, seine Verwirrung in wenigen Sekunden zu überwinden.

»Mir auch«, gab er zurück.
Die Frau sah ihn immer noch an. Neugierig, wie ihm schien.
»Tanzen Sie schon lange beruflich?«
»Seit fünf Jahren. Allerdings nicht ständig. Es ist eine Arbeit, die …«
»Spaß macht?«, fiel sie ihm ins Wort.
Sie schlenderten weiter das Deck entlang, passten ihre Schritte dem langsamen Wiegen des Schiffes an. Hin und wieder kam ihnen die dunkle Silhouette eines Passagiers entgegen, manchmal erkannten sie auch ein Gesicht, wogegen die Vorübergehenden in der schwachen Beleuchtung von Max nur weiße Flecken sahen: Hemdbrust, Weste und Binder, die exakt eineinhalb Daumen breiten Streifen der gestärkten Ärmelmanschetten und das Tüchlein in der Brusttasche des Fracks.
»Das ist nicht der richtige Ausdruck.« Er lächelte. »Ganz und gar nicht. Ich tue das nur von Zeit zu Zeit, wollte ich sagen. Es ermöglicht mir einiges.«
»Was denn zum Beispiel?«
»Nun ja, das Reisen, wie Sie sehen.«

Im Licht eines Bullauges bemerkte er, dass nun sie es war, die lächelte.
»Dafür, dass es nur ein Gelegenheitsjob ist, sind Sie aber sehr gut.«
Der Eintänzer zuckte mit den Schultern.
»In den ersten Jahren war ich fest engagiert.«
»Wo denn?«
Max beschloss, einen Teil seiner Biografie zu unterschlagen. Einige Orte für sich zu behalten, wie das Barrio Chino von Barcelona und den Vieux Port von Marseille. Oder die ungarische Tänzerin namens Boske, die *La petite tonkinoise* sang, während sie sich die Beine depilierte, und eine Vorliebe für junge Männer hegte, die mitten in der Nacht aus dem Schlaf fuhren, weil sie sich in ihren Albträumen noch immer im Krieg in Marokko wähnten.
»Im Winter in guten Pariser Hotels«, antwortete er mit einer Kurzfassung. »In der Hochsaison in Biarritz und an der Côte d'Azur. Eine Zeit lang war ich auch in Kabaretts am Montmartre.«
»Ach ja?« Ihr Interesse schien echt. »Vielleicht sind wir uns ja schon einmal begegnet.«
Er lächelte selbstsicher.

»Nein. Daran würde ich mich erinnern.«
»Was wollten Sie?«, fragte sie.
Zuerst verstand er nicht, was sie meinte. Dann aber wurde ihm bewusst, dass er ihr nach ihrer zufälligen Begegnung auf dem Gang nachgelaufen war und sie aufgehalten hatte, ohne zu erklären warum.
»Ihnen sagen, dass ich noch mit niemandem einen so vollkommenen Tango getanzt habe.«
Drei oder vier Sekunden lang herrschte ein Schweigen, das sich angenehm anfühlte. Sie war in der Nähe des Schotts stehengeblieben, wo eine Lampe angebracht war, und schaute ihn durch den salzigen Dunst an.
»Im Ernst? Oh, das ist sehr nett von Ihnen, Herr … Max ist Ihr Name, oder?«
»Ja.«
»Nun, das ist sehr schmeichelhaft.«
»Es ist keine Schmeichelei. Sie wissen, dass es das nicht ist.«
Sie lachte laut auf. Ein gesundes Lachen. Wie zwei Abende zuvor, als er ihr Alter im Scherz auf fünfzehn geschätzt hatte.
»Mein Mann ist Komponist. Musik und Tanz

sind mein Alltag. Aber Sie sind ein exzellenter Tänzer. Sie führen gut.«

»Ich brauchte Sie nicht zu führen. Das waren Sie selbst. Darin habe ich Erfahrung.«

Sie nickte grüblerisch.

»Ja, ich nehme an, die haben Sie.«

Max stützte eine Hand auf die feuchte Reling. Durch die Schuhsohlen spürte er unter dem sacht schwankenden Deck das Vibrieren der Maschinen im Rumpf des Schiffes.

»Rauchen Sie?«

»Jetzt nicht, danke.«

»Stört es Sie, wenn ich es tue?«

»Ich bitte Sie.«

Er holte das Etui aus der Innentasche, nahm eine Zigarette heraus und führte sie zum Mund. Sie sah ihm dabei zu.

»Ägyptische?«, fragte sie.

»Nein, Abdul Pashá …, türkische. Mit einer Prise Opium und Honig.«

»Dann möchte ich doch eine.«

Die Streichholzschachtel gezückt, beugte er sich vor, schützte die Flamme mit der hohlen Hand und gab ihr Feuer, nachdem sie die Zigarette in ihr kleines Elfenbeinmundstück gesteckt hatte. Dann zündete er sich die eigene an. Die Brise verwehte den Rauch so schnell, dass man ihn kaum schmeckte. Unter ihrem Pelzumhang schien die Frau zu frösteln. Max wies auf die Tür zum Palmensalon, der nicht weit war, einem Wintergarten mit einer großen Lichtluke in der Decke, möbliert mit Sesseln aus Weidengeflecht, niedrigen Tischen und Kübelpflanzen.

»Tanzen als Beruf«, bemerkte sie beim Eintreten, »das ist ungewöhnlich für einen Mann.«

»Ich sehe da keinen großen Unterschied. Auch wir können es für Geld tun, wie Sie sehen. Tanzen ist nicht unbedingt immer Zuneigung oder Vergnügen.«

»Man sagt ja, eine Frau offenbare ihren Charakter beim Tanzen besonders ehrlich. Stimmt das?«

»Manchmal schon. Aber auch nicht mehr als ein Mann.«

Der Salon war leer. Die Frau setzte sich, wobei sie das Cape achtlos von den Schultern gleiten ließ, warf einen Blick in den kleinen Spiegel, den sie aus der Handtasche genommen hatte, und zog sich mit einem blassroten Stift der Marke Tangee die Lippen nach. Das mit Pomade glatt zurückgekämmte Haar verlieh ihren Zügen etwas Kantiges, Androgynes, und wie der schwarze Satin ihren Körper umspielte, erschien Max sehr reizvoll. Sie bemerkte seinen Blick, schlug die Beine übereinander und wippte leicht mit dem Fuß. Den rechten Ellbogen auf die Armlehne des Sessels gestützt, die Hand mit den langen, gepflegten und im Farbton des Lippenstiftes lackierten Nägeln aufgerichtet, hielt sie die Zigarette zwischen Zeige- und Mittelfinger. Die Asche ließ sie einfach auf den Boden fallen, als gingen sie die Aschenbecher nichts an.

»Ich meinte, ungewöhnlich, so aus der Nähe betrachtet«, sagte sie nach einer Weile. »Sie sind der erste Berufstänzer, mit dem ich mehr als drei Worte wechsle: Danke und Auf Wiedersehen.«

Max hatte einen Aschenbecher geholt, blieb stehen, die Rechte in der Hosentasche, und rauchte.

»Ich tanze gern mit Ihnen«, sagte er.

»Und ich mit Ihnen. Ich würde es wieder tun, wenn das Orchester noch spielen würde und Leute im Saal wären.«

»Auch so spricht nichts dagegen.«
»Wie bitte?«
Sie studierte sein Lächeln, als wollte sie es auf Unschicklichkeiten prüfen. Doch der Eintänzer lächelte unbekümmert weiter.
»Sie könnten sich die Musik dazu einfach vorstellen.«
Wieder ließ sie die Asche auf den Boden fallen.
»Sie sind ziemlich mutig.«
»Könnten Sie?«
Jetzt lächelte auch sie, eine Spur herausfordernd.
»Natürlich könnte ich das«, sagte sie und stieß eine Rauchwolke aus. »Ich bin mit einem Komponisten verheiratet, vergessen Sie das nicht. Ich habe den Kopf voller Musik.«
»Würde Ihnen *Mala junta* gefallen? Kennen Sie den?«
»Perfekt.«
Max drückte seine Zigarette aus und zog die Weste straff. Sie saß noch einen Moment unbeweglich da. Ihr Lächeln war verschwunden, und sie musterte ihn nachdenklich von ihrem Sessel aus, als wollte sie sich vergewissern, dass er nicht

scherzte. Schließlich legte sie die Zigarettenspitze mit den Lippenstiftspuren in den Aschenbecher, erhob sich langsam, und während ihre Augen seinen Blick festhielten, legte sie die Linke auf seine Schulter und die Rechte in seine abwartend ausgestreckte Hand. So stand sie, aufrecht, gelassen und sehr ernst, bis Max zweimal sachte ihre Finger drückte, um den ersten Takt vorzugeben, den Körper leicht zur Seite neigte, das rechte Bein vor das linke setzte, und beide, ohne die Blicke voneinander zu lösen, um die Korbsessel und Blumentöpfe herum durch den stillen Palmensalon tanzten.

ELIZABETH VON ARNIM
Verzauberter April

Es war bewölkt in Italien, was sie überraschte. Sie hatten mit dem schönsten Sonnenschein gerechnet. Aber das machte nichts: es war Italien, und schon die Wolken sahen üppig aus. Keine der beiden Damen war je dort gewesen. Sie blickten mit verzückter Miene aus den Fenstern. Die Stunden flogen dahin, solange es hell war, und danach hielt sie die Aufgeregtheit munter, immer näher und näher zu kommen, ganz nah zu sein und schließlich anzukommen. In Genua hatte es angefangen zu regnen – Genua: wenn man sich das vorstellte, man war tatsächlich in Genua, sah das Stationsschild mit dem Namen, wie irgendeinen x-beliebigen Namen! –, in Nervi goß es, und als sie endlich gegen Mitternacht, denn der Zug war wieder verspätet, *Mezzago* erreichten, strömte es nur so vom Himmel. Aber es war Italien. In Italien konnte nichts schlimm sein. Selbst der Regen war dort anders: ein schnurgerader Regen, der, wie es sich gehörte, von oben auf die Schirme fiel; nicht dieses ungebärdig daherwehende englische Zeugs, das einen überall erwischte. Und er würde ganz bestimmt aufhören; und wenn das geschah, gäbe es den Anblick der rosenbestreuten Erde.

Mr. Briggs, der Eigentümer von San Salvatore, hatte gesagt: »Sie steigen in Mezzago aus und lassen sich dann kutschieren.« Aber er hatte etwas vergessen, was ihm wohlvertraut sein mußte, nämlich daß die Züge in Italien manchmal verspätet sind, und so hatte er sich vorgestellt, seine Mieterinnen träfen um acht in Mezzago ein und fänden eine Reihe Droschken vor, aus denen sie wählen konnten.

Der Zug kam mit vier Stunden Verspätung an, und als Mrs. Arbuthnot und Mrs. Wilkins die leiterähnlich hohen Trittstufen ihres Eisenbahnabteils hinunterkletterten in die schwarze Regenflut hinaus, wobei ihre Rocksäume große Lachen rußigen Nasses wegfegten, da sie die Hände voll mit Gepäck hatten, hätten sie nichts Fahrbares entdeckt, wäre da nicht die Umsicht Domenicos gewesen, des Gärtners von San Salvatore. Die normalen Droschken waren längst alle heimgefahren.

Domenico, der dies voraussah, hatte die Droschke seiner Tante geschickt, die von ihrem Sohn, seinem Cousin, gefahren wurde; die Tante samt Droschke wohnte in Castagneto, dem Dorf, das hingeduckt zu Füßen von San Salvatore lag, und darum würde es die Droschke, wie spät der Zug auch käme, nicht wagen, ohne die Fracht heimzukehren, die sie abholen sollte.

Domenicos Cousin hieß Beppo, und unmittelbar aus dem Dunkel tauchte er bei Mrs. Arbuthnot und Mrs. Wilkins auf, die unschlüssig dastanden, ratlos, was sie nach der Abfahrt des Zuges machen sollten, denn sie konnten keinen Gepäckträger entdecken und hatten den Eindruck, nicht so sehr auf einem Bahnsteig zu stehen als vielmehr auf dem Bahnkörper selbst.

Beppo, der nach ihnen Ausschau gehalten hatte, tauchte mit einem Satz aus dem Dunkel auf und redete wortgewaltig in Italienisch auf sie ein. Beppo war ein sehr anständiger junger Mann, doch sah er nicht danach aus, vor allem nicht im Dunklen, und er hatte die Krempe seines triefend nassen Huts schief über ein Auge gezogen. Ihnen gefiel nicht die Art, wie er sich ihrer Koffer bemächtigte. Ihrer Meinung nach konnte das kein Gepäckträger sein. Bald schon aber erkannten sie in seinem Wortschwall den Namen San Salvatore, worauf sie ihm diesen ständig wiederholten, da es das einzige Italienisch war, das sie konnten, während sie hinter ihm hereilten, um ihr Gepäck nicht aus den Augen zu verlieren, und über Gleise und durch Pfützen dorthin stolperten, wo auf einer Straße eine kleine, hohe Droschke stand. Ihr Verdeck war zurückgelegt, und das Pferd schien in Gedanken versunken. Sie kletterten in die Droschke, und im selben Augenblick, wo sie drinnen waren – für Mrs. Wilkins traf das nicht ganz zu –, wachte das Pferd mit einem Ruck aus seiner Träumerei auf und begann sogleich heimwärts zu traben; ohne Beppo; ohne das Gepäck.

Beppo stürzte hinter ihm her, durchdrang mit seinen Rufen die Nacht und erwischte rechtzeitig noch die herunterhängenden Zügel. Er erklärte stolz und, wie er meinte, in aller Deutlichkeit, das tue das Pferd immer, es sei ein edles Tier, voller Gerste und voller Lebenskraft und gehegt und gepflegt von ihm, Beppo, als wär es sein eigener

Sohn, und die Damen brauchten keine Angst zu haben, er habe nämlich bemerkt, daß sie sich aneinanderklammerten; doch wie deutlich, laut und wortstark er auch sprach, sie blickten ihn nur schreckensbleich an.
Dennoch redete er weiter, während er die Koffer um sie herum verstaute, überzeugt davon, daß sie ihn früher oder später verstehen *mußten*, besonders, da er sich bemühte, sehr laut zu sprechen und alles, was er sagte, mit den einfachsten erklärenden Gesten zu veranschaulichen, aber beide blickten ihn nur groß an. Die Gesichter der Reisenden waren, wie er mitfühlend bemerkte, weiß und müde, und beide hatten große müde Augen. Schöne Damen, dachte er, und ihre Augen, die ihn über die Koffer hinweg ansahen und jede seiner Bewegungen beobachteten – es gab keine großen Koffer, nur eine Anzahl von kleineren Gepäckstücken –, waren wie die Augen der Muttergottes. Das einzige, was die Damen selbst nach dem Losfahren sagten und in regelmäßigen Abständen wiederholten, wobei sie ihn auf dem Kutschbock leicht antippten, um seine Aufmerksamkeit zu erlangen, war: »San Salvatore?«

Und jedesmal antwortete er lautstark und in ermunterndem Ton: »*Si, si*, San Salvatore.«
»Wir *wissen* natürlich nicht, ob er uns dorthin bringt«, sagte Mrs. Arbuthnot schließlich mit leiser Stimme, nachdem sie, wie es ihnen schien, bereits eine ganze Weile gefahren waren und die Pflastersteine der in Schlaf gehüllten Stadt verlassen hatten und sich auf einer kurvigen Straße befanden mit einer, wie sie erspähen konnten, niedrigen Mauer zu ihrer Linken, wohinter eine große schwarze Leere war und das Rauschen des Meeres. Zu ihrer Rechten drängte sich etwas dicht heran, steil aufragend und finster: Felsen, flüsterten sie einander zu; riesige Felsen.
»Nein, *wissen* tun wir das nicht«, stimmte ihr Mrs. Wilkins zu, wobei ihr ein leichter Schauder den Rücken hinunterlief.
Sie fühlten sich sehr unbehaglich. Es war so spät. Es war so dunkel. Die Straße so einsam. Angenommen, ein Rad ginge ab. Angenommen, sie begegneten Faschisten oder dem Gegenteil von Faschisten. Wie bedauerten sie es jetzt, daß sie nicht in Genua übernachtet hatten und erst am nächsten Morgen bei Tageslicht losgefahren waren.

»Aber das wäre der erste April gewesen«, sagte Mrs. Wilkins mit leiser Stimme.
»Der ist jetzt auch«, flüsterte Mrs. Arbuthnot.
»Stimmt«, murmelte Mrs. Wilkins.
Sie verstummten.
Beppo drehte sich auf seinem Kutschbock um – eine beunruhigende Angewohnheit, die sie schon bemerkt hatten, denn sein Pferd durfte doch gewiß nicht aus den Augen gelassen werden – und richtete wieder das Wort an sie, überzeugt, daß er sich größter Klarheit befleißigte, kein *Patois* gebrauchte und alles mit überdeutlichen Gesten erklärte.
Wie sehr wünschten sie sich, ihre Mütter hätten sie als Kinder Italienisch lernen lassen. Könnten sie jetzt doch nur sagen: »Bitte bleiben Sie so sitzen, daß Sie das Pferd im Auge behalten.« Sie wußten nicht einmal, was Pferd auf italienisch heißt. Solche Unkenntnis war schmählich.
In ihrer Angst – denn die Straße wand sich um mächtig aufragende Felsen, und linker Hand gab es bloß die niedrige Mauer, um sie vor dem Sturz ins Meer zu bewahren, falls etwas passieren sollte – begannen auch sie zu gestikulieren, fuchtel-

ten mit den Händen in Beppos Richtung, nach vorn. Sie wollten, daß er sich wieder zum Pferd umdrehte; mehr nicht. Er glaubte, sie wünschten, daß er schneller kutschierte; und so folgten zehn Schreckensminuten, in denen er ihnen, zumindest glaubte er das, eine Freude bereitete. Er war stolz auf sein Pferd, es konnte sehr rasch laufen. Er erhob sich von seinem Sitz, die Peitsche knallte, das Pferd jagte dahin, die Felsen sprangen auf sie zu, die kleine Droschke schaukelte, die Gepäckstücke rappelten, Mrs. Arbuthnot und Mrs. Wilkins klammerten sich aneinander. Auf diese Weise ging es weiter, schaukelnd, rüttelnd, klappernd, sich klammernd, bis zu einer Stelle kurz vor Castagneto, wo die Straße anstieg und das Pferd, das jeden Meter Weges kannte, plötzlich am Fuße dieser Anhöhe stehenblieb, wobei alles, was sich in der Droschke befand, wild durcheinandergeschüttelt wurde, und dann ganz gemächlich weitertrottete.

Beppo drehte sich um, ihre Bewunderung entgegenzunehmen, lachend, voller Stolz auf sein Pferd. Von den schönen Damen ihrerseits kam kein Lachen. Ihre Augen, auf ihn gerichtet, wirkten grö-

ßer denn je, und ihre Gesichter sahen gegen das Schwarz der Nacht milchig aus.
Immerhin gäbe es, wenn sie oben auf der Anhöhe wären, Häuser. Die Felsen verschwanden, und Häuser tauchten auf; die niedrige Mauer verschwand, weitere Häuser; das Meer wich zurück, und sein Rauschen hörte auf, und die Einsamkeit der Straße war zu Ende. Nirgendwo Licht und natürlich niemand, der sie vorbeifahren sah; und dennoch stand Beppo, als die ersten Häuser vorbei waren, und nachdem er über seine Schulter geblickt und den Damen »Castagneto« zugerufen hatte, erneut auf, knallte mit der Peitsche und ließ sein Pferd von neuem vorwärtsstürmen.
›Wir werden gleich da sein‹, sagte sich Mrs. Arbuthnot und klammerte sich fest.
›Wir werden bald ankommen‹, sagte sich Mrs. Wilkins und klammerte sich fest. Laut sagten sie nichts, denn bei diesem Peitschengeknall und Radgeklapper und all den anfeuernden Schnalzlauten, die Beppo zum Pferd hin machte, hätte man ohnehin nichts verstehen können.
Eifrig strengten sie die Augen an, um irgendwelche Anzeichen von San Salvatore zu erkennen.

Sie hatten geglaubt und gehofft, daß in angemessener Distanz vom Dorf ein mittelalterlicher Torbogen vor ihnen aufragen würde, durch den hindurch sie in einen Garten hineinführen, um vor einer offenen, einladenden Tür anzuhalten, aus der Licht herausflutete, und das Personal, das laut Inserat dortgeblieben war, sie erwartete.
Statt dessen blieb die Droschke plötzlich stehen.
Beim Hinausspähen konnten sie sehen, daß sie sich immer noch auf der Dorfstraße befanden, mit dunklen kleinen Häusern zu beiden Seiten; und Beppo, der dem Pferd die Zügel über den Hals warf, als sei er diesmal ganz zuversichtlich, es werde sich nicht von der Stelle rühren, stieg vom Kutscherbock. Im selben Augenblick erschienen gleichsam aus dem Nichts herausspringend ein Mann und einige halbwüchsige Jungen zu beiden Seiten der Droschke und begannen die Gepäckstücke herauszuhieven.
»Nein, nein, San Salvatore, San Salvatore«, rief Mrs. Wilkins aus und versuchte dabei, möglichst viel Gepäck festzuhalten.
»*Si, si*, San Salvatore, San Salvatore«, schrien alle, während sie am Gepäck zogen.

»Das hier *kann* nicht San Salvatore sein«, sagte Mrs. Wilkins und wandte sich an Mrs. Arbuthnot, die reglos dasaß und zuschaute, wie das Gepäck ihr entwendet wurde, mit derselben Geduld, die sie kleineren Übeln gegenüber zeigte. Sie wußte, sie konnte nichts tun, sollten diese Männer üble Gesellen sein, darauf aus, ihr Gepäck zu kriegen.

»Macht mir auch nicht den Eindruck«, räumte sie ein und konnte sich einen Moment lang nicht der Verwunderung enthalten über die Wege des Herrn. Waren sie wirklich hierher gebracht worden, sie und die arme Mrs. Wilkins, nach all der Anstrengung, das Ganze in die Wege zu leiten, nach all den Schwierigkeiten und Sorgen, den gewundenen Pfaden von Lug und Trug, nur um …?

Sie gebot ihren Gedanken Einhalt und sagte voll Sanftmut zu Mrs. Wilkins, während die zerlumpten Jungen mit dem Gepäck in der Nacht verschwanden und der Mann mit der Laterne Beppo half, ihr die Reisedecke zu entziehen, sie beide seien in Gottes Hand; und als Mrs. Wilkins das hörte, hatte sie zum ersten Mal Angst.

Es blieb ihnen nichts anderes übrig, als auszusteigen. Zwecklos, weiter in der Droschke sitzenzubleiben und immer nur San Salvatore zu rufen. Jedesmal, wenn sie das taten, und ihre Stimmen wurden von Mal zu Mal schwächer, antworteten Beppo und der andere Mann bloß mit lautem Geschrei. Hätten sie doch nur als Kinder Italienisch gelernt. Hätten sie doch nur sagen können: »Fahren Sie uns doch bitte bis vor die Tür.« Aber sie wußten nicht einmal, was Tür auf italienisch heißt. Solche Unkenntnis war nicht nur schmählich, sie war, wie sie jetzt sahen, geradezu gefährlich. Zwecklos, jetzt darüber zu lamentieren. Zwecklos auch, hinauszuzögern, was ihnen gleich bevorstand, indem sie weiter in der Droschke sitzenblieben. Und so stiegen sie aus.
Die beiden Männer öffneten Schirme für sie und überreichten sie ihnen. Das gab ihnen ein wenig Mut, denn sie konnten nicht glauben, daß diese Männer, sollten es üble Gesellen sein, sich damit abgeben würden, Schirme für sie zu öffnen. Dann machte ihnen der Mann heftig brabbelnd mit der Laterne Zeichen, ihm zu folgen, und Beppo blieb, wie sie sahen, zurück. Sollten sie ihm etwas zah-

len? Nein, entschieden sie, wo sie sowieso gleich beraubt, vielleicht sogar ermordet würden. Bestimmt zahlte man in einer solchen Situation nichts. Außerdem hatte er sie schließlich nicht nach San Salvatore gebracht. Offensichtlich waren sie woanders gelandet. Auch äußerte er nicht das geringste Verlangen, bezahlt zu werden; er ließ sie, ohne irgendwelchen Protest, in die Nacht entschwinden. Dies war, so mußten sie glauben, ein böses Omen. Er wollte nichts haben, weil er gleich reichlich belohnt würde.

Sie kamen zu einigen Stufen. Die Straße endete abrupt bei einer Kirche und Stufen, die hinunterführten. Der Mann senkte die Laterne für sie, damit sie die Stufen sahen.

»San Salvatore?« fragte Mrs. Wilkins erneut, ganz zaghaft, bevor sie sich an die Stufen wagte. Zwecklos natürlich, das jetzt zu erwähnen, aber sie konnte Treppen nicht wortlos hinuntersteigen. Kein mittelalterliches Castello, dessen war sie sich sicher, war je am Fuße einer Treppe erbaut worden.

Wieder ertönte echogleich der Ruf: »*Si, si*, San Salvatore.«

Sie stiegen vorsichtig hinunter, die Röcke hebend, als brauchten sie die noch für eine andere Gelegenheit und hätten nicht aller Wahrscheinlichkeit nach ein für allemal mit Flitter und Tand abgeschlossen.

Die Stufen endeten an einem steil abfallenden Weg mit flachen Steinplatten in der Mitte. Sie rutschten und glitschten viel auf diesen nassen Platten, und der Mann mit der Laterne hielt sie, laut brabbelnd, fest. Die Art, wie er sie festhielt, war höflich.

»Vielleicht«, sagte Mrs. Wilkins mit leiser Stimme zu Mrs. Arbuthnot, »ist doch alles in Ordnung.«

»Wir sind in Gottes Hand«, sagte Mrs. Arbuthnot wieder; und wieder spürte Mrs. Wilkins Angst.

Sie kamen zum Ende des Hangs, und das Licht der Laterne zuckte über einen offenen Platz, der an drei Seiten von Häusern umgeben war. Die vierte Seite war das Meer, das in trägem Hin und Her die Kiesel umspülte.

»San Salvatore«, sagte der Mann und wies mit seiner Laterne auf eine schwarze Masse hin, die sich an die Bucht drängte.

Sie strengten die Augen an. Sie sahen die schwarze Masse und ganz oben ein Licht.

»San Salvatore?« wiederholten beide ungläubig, denn wo war das Gepäck, und warum hatte man sie gezwungen, aus der Droschke zu steigen?

»*Si, si*, San Salvatore.«

Sie gingen eine Art Kai entlang, unmittelbar am Wasser. Hier gab es nicht einmal eine niedrige Mauer – nichts, was den Mann mit der Laterne daran hindern konnte, sie ins Meer zu stoßen, falls er das vorhatte. Was er aber nicht tat. Vielleicht ist ja doch alles in Ordnung, deutete Mrs. Wilkins, als sie das merkte, gegenüber Mrs. Arbuthnot an, die diesmal selbst zu glauben begann, daß es möglich sei, und nichts mehr von Gottes Hand sagte.

Das zuckende Licht der Laterne tanzte vor ihnen her, reflektiert vom nassen Pflaster des Kais. Weiter draußen zur Linken, im Dunkel und offensichtlich am Ende einer Mole, blinkte ein rotes Licht. Sie kamen zu einem Torbogen mit schön geschmiedetem Eisengitter. Der Mann mit der Laterne stieß das Tor auf. Diesmal stiegen sie Stufen hinauf statt hinab, und oben angelangt, trafen sie auf einen Pfad, der sich zwischen Blumen hinaufschlängelte. Sie konnten die Blumen nicht sehen, aber es war offenkundig, daß es hier voll von ihnen war.

Da wurde es Mrs. Wilkins klar, daß womöglich der Grund, weshalb die Droschke sie nicht bis vor die Tür gefahren hatte, der war: es gab keine Straße, nur den Fußweg. Das würde auch das Verschwinden des Gepäcks erklären. Zuversicht regte sich in ihr, daß ihr Gepäck auf sie warten würde, wenn sie oben ankamen. San Salvatore schien sich auf einer Hügelkuppe zu befinden, so wie es sich für ein mittelalterliches Castello ziemte. Bei einer Wegbiegung erblickten sie über sich, viel näher jetzt und leuchtender, das Licht, das sie vom Kai aus bemerkt hatten. Sie erzählte Mrs. Arbuthnot von ihrer Vermutung, und Mrs. Arbuthnot meinte zustimmend, höchstwahrscheinlich liege sie da richtig.

Noch einmal, diesmal aber in optimistischem Ton, fragte Mrs. Wilkins, wobei sie nach oben zu der schwarzen Silhouette zeigte, die sich gegen den kaum weniger schwarzen Himmel abhob:

»San Salvatore?« Und noch einmal, nun aber beruhigend, ermunternd, ertönte die Bestätigung: »*Si, si*, San Salvatore.«

Sie gingen über eine kleine Brücke, die anscheinend über eine Schlucht führte, und danach folgte ein flaches Stück mit hohem Gras an den Seiten und weiteren Blumen. Sie spürten, wie die nassen Gräser ihre Strümpfe streiften, und die unsichtbaren Blumen waren überall. Dann wieder im Zickzack einen Weg zwischen Bäumen hinauf, begleitet vom Duft der Blumen, die sie nicht sehen konnten. Der warme Regen entlockte ihnen ihre ganze Süße. Höher und höher stiegen sie in dieser süßen Dunkelheit, und das rote Licht auf der Mole unter ihnen blieb immer weiter zurück.

Der Weg zog sich in Windungen bis zur anderen Seite dessen, was eine kleine Halbinsel zu sein schien; die Mole und das rote Licht verschwanden; jenseits der Leere zu ihrer Linken sah man ferne Lichter.

»*Mezzago*«, sagte der Mann und wies mit seiner Laterne zu den Lichtern.

»*Si, si*«, antworteten sie, denn inzwischen hatten

sie *si, si* gelernt. Worauf der Mann ihnen in einer wahren Flut von galanten Worten, so kam es ihnen vor, zu ihrem herrlichen Italienisch gratulierte; denn dies hier war Domenico, der umsichtige und so tüchtige Gärtner von San Salvatore, die unentbehrliche Stütze des Haushalts, der erfindungsreiche, der begabte, der redegewandte, der höfliche, der intelligente Domenico. Nur wußten sie das noch nicht; und er sah im Dunkeln, gelegentlich auch im Hellen, mit seinen scharfgeschnittenen, dunklen Gesichtszügen und seinen katzengleichen Bewegungen wahrlich wie ein übler Geselle aus.

Sie gingen noch ein Stück flachen Weges, wobei zu ihrer Rechten ein schwarzes Gebilde wie eine hohe Mauer über ihnen aufragte, und dann führte der Weg unter Spalieren wieder aufwärts; und herunterhängende Zweige mit etwas Duftendem daran schnappten nach ihnen und schüttelten Regentropfen auf sie, und der Schein der Laterne tanzte über Lilien, und dann folgte eine Flucht alter Stufen, ausgetreten in Jahrhunderten, und ein weiteres eisernes Tor, und dann waren sie drinnen, wenngleich sie noch eine steinerne Wendeltreppe hochsteigen mußten, mit alten Mauern zu beiden Seiten, wie die Mauern eines Verlieses, und einem gewölbten Dach.

Oben war eine schmiedeeiserne Pforte, und durch sie flutete elektrisches Licht.

»*Ecco*«, sagte Domenico, der geschmeidig im Eilschritt die letzten Stufen vor ihnen nahm und die Pforte aufstieß.

Und damit waren sie angekommen; und es war San Salvatore; und ihr Gepäck erwartete sie, und sie waren nicht ermordet worden.

Ernst schauten sie einander in die bleichen Gesichter, die blinzelnden Augen.

Es war ein großer, ein wundervoller Augenblick. Hier waren sie, endlich, in ihrem mittelalterlichen Castello. Ihre Füße berührten seine Steine.

Mrs. Wilkins legte den Arm um Mrs. Arbuthnots Hals und küßte sie.

»Das erste, was in diesem Haus geschieht«, sagte sie sanft und feierlich, »soll ein Kuß sein.«

»Liebe Lotty«, sagte Mrs. Arbuthnot.

»Liebe Rose«, sagte Mrs. Wilkins mit freudestrahlenden Augen.

Domenico war entzückt. Er mochte den Anblick schöner Damen, die sich küßten. Er hielt ihnen schwungvoll eine Willkommensrede, und sie standen Arm in Arm da, einander stützend, denn sie waren sehr müde und blinzelten ihn lächelnd an, ohne ein Wort zu verstehen.

DETLEF BLUHM

Der Schiffskater Simon

In der Endphase des chinesischen Bürgerkrieges kam im Herbst 1947 auf einer Werft in Hongkong ein schwarzer Kater mit weißer Schnauze, Brust und Pfoten auf die Welt. Der rechte Flügel der Kuomintang unter General Tschiang Kai Schek kämpfte damals chancenlos gegen den Führer der Kommunistischen Partei Chinas, Mao Tse-tung, um die Herrschaft im Reich der Mitte. Der kleine Kater konnte noch nicht ahnen, dass er einmal indirekt in diesen militärischen Konflikt hineingezogen werden würde.

Auch die Besatzung des britischen Kriegsschiffes Amethyst machte sich über militärische Scharmützel keine großen Sorgen. Schließlich vertrat England offiziell eine neutrale Position und hatte nicht die Absicht, in den chinesischen Konflikt einzugreifen. Der siebzehnjährige Leichtmatrose George Hickinbottom war zu dieser Zeit in Hongkong auf der Amethyst stationiert. Im Frühjahr 1948 wurde er für ein paar Besorgungen auf die Werft geschickt. George hatte vorher schon gehört, dass die Werftkatzen von der Halbinsel Stonecutters Island als Schiffskatzen sehr begehrt waren. Als er dort auf den schwarzweißen Kater traf, nahm er ihn kurz entschlossen mit und schmuggelte ihn an Bord der Amethyst, wo er ihn in seiner Kabine versteckte. Doch die Anwesenheit des Katers blieb nicht lange geheim. Zum Glück stellte sich heraus, dass der Kapitän des Schiffes, Ian Griffiths, selbst ein Katzenfreund war. Und da gerade kein Schiffskater auf der Amethyst Dienst tat, wurde Simon offiziell als Ratten- und Mäusefänger verpflichtet. Er erhielt ein rotes Halsband mit einer runden Metallplakette, auf der die Inschrift *Simon* und darunter *HMS Amethyst* eingraviert war. Simon freundete sich mit den Matrosen und Offizieren schnell an und wurde durch einen Trick zum besonderen Liebling von Kapitän Griffiths. Simon ahnte wohl, dass Griffiths sein ranghöchster Vorgesetzter war, denn er machte es sich zur Angewohnheit, getötete Ratten vor dessen Füßen abzulegen. Manchmal deponierte er sie sogar in der Kapitänskabine. Simon und der Kapitän wurden sehr gute Freunde.

Simon war immer sofort zur Stelle, wenn Grifffths nach ihm pfiff. Der Kater residierte fortan in zwei Räumen: in Georges kleiner Kajüte und in der wesentlich komfortabler ausgestatteten Kapitänskabine. Als Ian Griffiths im Dezember 1948 auf ein anderes Schiff versetzt wurde, übernahm Bernhard Skinner das Kommando. Der neue Kapitän erwies sich ebenfalls als Katzenfreund. Simon gewöhnte sich zwar an ihn, hörte aber nie auf dessen Pfeifen.

Anfang April 1949 lief die Amethyst von Hongkong in Richtung Shanghai aus, um von dort auf dem Jangtsekiang nach Nanking zu fahren. Sie sollte die Consort ablösen, die dort zum Schutz der britischen Botschaft stationiert war. Am Morgen des 20. April geriet die Amethyst, obwohl sie deutlich als englisches, also neutrales Schiff gekennzeichnet war, etwa 100 Seemeilen von der Mündung des Jangtsekiang entfernt unter Granatfeuer rotchinesischer Einheiten und lief infolge der schweren Treffer auf einer Sandbank fest. Der Kapitän und 21 Marines starben bei dem Gefecht. 31 Mann der Besatzung wurden teils schwer verletzt. Auch Simon blieb nicht verschont. Geschossteile verletzten seine Vorderpfoten und durchschlugen seinen Brustkorb. Im Gesicht erlitt er Brandverletzungen, seine Schnurrhaare wurden versengt. Nach der schweren Kanonade schwiegen die Waffen, und es begannen komplizierte Verhandlungen zwischen den kommunistischen und den englischen Offizieren über ein freies Geleit für die Amethyst. Die Chinesen warfen den Briten dabei vor, das Feuer eröffnet zu haben. Erst 1988 gab Ye Fei als Kommandant der rotchinesischen Einheit zu, dass diese zuerst geschossen hatte.

Da die Versorgung der Verwundeten Vorrang hatte, kümmerte sich niemand um Simon, der sich irgendwo auf dem Schiff versteckt hatte. Erst ein paar Tage nach dem Angriff erschien Simon, getrieben von Hunger und Durst, wieder an Deck. Er machte einen schwachen, sehr erschöpften Eindruck, und sein Fell war blutverklebt. Der schwer verletzte Kater wurde sofort untersucht und versorgt. Der Schiffsarzt stellte fest, dass ein Querschläger sein Herz verletzt hatte. Er säuberte Simons Fell, zog ihm mehrere Metallsplitter und nähte seine Wunden, räumte ihm aber kaum Chan-

cen ein, die kommende Nacht zu überleben. Man bereitete ihm ein weiches Bett in einer Ecke der Offiziersmesse und ließ ihn in Ruhe. Doch zur Überraschung aller erholte sich Simon und konnte schon bald wieder seiner Hauptbeschäftigung, dem Ratten- und Mäusefang, nachgehen.
Simon übernahm aber noch eine weitere Aufgabe: Ganz entgegen seines bisherigen Verhaltens an Bord, verbrachte er einen Teil das Tages im Schiffslazarett bei den Verwundeten auf ihren Betten, stapfte mit den Pfoten und schnurrte dabei so laut er konnte. Die Verletzten schöpften Hoffnung durch die Anwesenheit des Überlebenskünstlers und freuten sich über seine Visiten, die ihnen halfen, über ihre traumatischen Erlebnisse hinwegzukommen.
Die Verhandlungen über einen freien Abzug der Amethyst zogen sich weiter in die Länge, und es schien, als würden sie bis zum Ende des Bürgerkrieges dauern. Die chinesischen Kommunisten forderten den sofortigen Abzug aller ausländischen Militärs aus China und setzten damit lange Verhandlungen auf dem internationalen diplomatischen Parkett in Gang.

Währenddessen absolvierte Simon unverdrossen seinen Dienst und tötete so viele Ratten wie nur irgend möglich. Das war auch dringend notwendig, denn zahlreiche Ratten machten sich inzwischen über das festliegende Schiff und seine Lebensmittelvorräte her. Die aufgestellten Fallen zeitigten nur mäßigen Erfolg, und die Mannschaft war auf Simons Fähigkeiten angewiesen, der trotz seiner noch nicht ganz verheilten Wunden jeden Tag bis zu fünf Ratten tötete. Besonders eine riesige, fette und gefährliche Ratte machte dem Schiff zu schaffen. Die Matrosen hatten sie auf den Namen Mao Tse-tung getauft. Sie überfiel das Schiff täglich mit vielen kleineren Ratten im Gefolge und richtete großen Schaden an. Jeder Versuch, sie zu töten, war bisher fehlgeschlagen. Eines Tages kam es zu dem von der Mannschaft gleichermaßen befürchteten wie ersehnten Kampf zwischen Mao und Simon, in dem der gesundheitlich nach wie vor gehandicapte Kater die Monsterratte erledigte.
Spätestens jetzt avancierte Simon vom Liebling der Matrosen zum Kriegshelden. »Ohne Simon hätte uns das Rattenheer glatt überwältigt«, be-

richtete später ein Offizier über Simons Rolle in dieser Zeit. Sein unermüdlicher Kampf gegen die Ratten dauerte mehr als drei Monate. Am 30. Juli unternahm der neue Kapitän John Kerans aufgrund der katastrophalen Versorgungslage im Schutz der Nacht einen erfolgreichen Fluchtversuch. Das Schiff erreichte am nächsten Morgen die offene See. An diesem 1. August versammelte sich die gesamte Mannschaft der Amethyst zu einer ungewöhnlichen Zeremonie an Deck des Schiffes. Simon wurde vom Schiffsjungen Sidney Horton im Arm gehalten. Alle Offiziere und Matrosen standen in Reihe, als Simon mit einem Ordensband der Amethyst für seine Verdienste ausgezeichnet und zum Vollmatrosen ernannt wurde. Die Begründung für die Auszeichnung verlas der Unteroffizier George Griffiths: »Vollmatrose Simon, für hervorragende und anerkennenswerte Dienste auf der HMS Amethyst wirst du heute mit dem Ordensband für Tapferkeit der Amethyst ausgezeichnet. Es sei hiermit zur Kenntnis gegeben, dass du, Simon, am 26. April 1946, als die Amethyst an der Rose Bay festlag, trotz schwerer Wunden allein und unbewaffnet den Kampf gesucht und Mao Tse-tung besiegt hast, eine Ratte, schuldig an zahlreichen Sturmangriffen auf unsere knappen Lebensmittelvorräte. Es sei weiter festgehalten, dass du bis zum heutigen Tag mit unbeugsamer Treue Seuchen und Schädlinge von der Amethyst ferngehalten hast.«

Die Nachricht von Simons tapferem Kampf gegen die Ratten und besonders gegen Mao Tse-tung ging in der Zeit des Kalten Krieges wie ein Lauffeuer um die Welt, Simon wurde zum ersten feliden Medienstar der Geschichte. Neugierige und Journalisten fanden sich jeden Tag am Schiff ein, um Simon zu sehen und zu fotografieren. Reporter fragten die Seeleute nach seinen Erlebnissen aus. Der Kater soll sogar einmal Autogramme in Form von abgenommenen Pfotenabdrücken gegeben haben.

Während die Amethyst in Hongkong für die Rückfahrt nach England repariert wurde, erreichte Kapitän John Kerans die Nachricht, dass die Tierschutzorganisation People's Dispensary for Sick Animals (PDSA) beschlossen hatte, Simon mit der Dickin Medal auszuzeichnen, sofern er Simon dazu vorschlagen würde. Zum ersten Mal sollte eine Katze und mit ihr ein Kriegsheld der Marine mit der Medaille geehrt werden. Die von der Pionierin der englischen Tierschutzbewegung Maria Dickin 1943 erstmals verliehene Medaille ist die höchste britische Auszeichnung für Tiere, die sich im Kriegseinsatz verdient gemacht haben. Die aus Bronze bestehende Medaille trägt die Aufschrift *For Gallantry | We also serve*. Sie hängt an einem gestreiften Band in den Farben Grün, Braun und Blau, die für die See-, Land- und Luftstreitkräfte stehen. John Kerans verfasste umgehend dieses (hier leicht gekürzte) Empfehlungsschreiben:

»Es drangen viele Ratten in unser stark getroffenes Schiff ein, die sich in den kaum mehr zugänglichen Räumen schnell vermehrten. Sie stellten eine echte Bedrohung für die Gesundheit der Besatzung dar. Simon stellte sich edel dieser Herausforderung, und nach zwei Monaten hatte er die Rattenplage erheblich vermindert. Während des ganzen Zwischenfalls war Simons Verhalten höchst vorbildlich.«

Daraufhin wurde die Verleihung der Auszeichnung am 10. August von der PDSA in London einstimmig beschlossen. Die öffentliche Bekanntgabe der Verleihung dieser Auszeichnung machte Simon endgültig zu einer globalen Berühmtheit. In Hongkong wurden Fototermine anberaumt, und die Bilder von Simon gingen um die Welt. Der Kater mochte den Rummel um ihn herum jedoch gar nicht, oft floh er vor den Fotografen. Und als es ihm eines Tages wirklich zu bunt wurde, rannte er kurz entschlossen über den Landungssteg an Land und verschwand im Hafengewimmel. Weil er dies nie zuvor getan hatte, sandte John Kerans einen Teil der Mannschaft aus, um Simon zu finden, was jedoch nicht gelang. Drei Stunden später erschien Simon von selbst wieder auf dem Schiff.

Die Heimfahrt der Amethyst geriet für Simon zu einem Schaulaufen. Das Schiff lief unterwegs die Häfen von Singapur, Penang, Colombo, Aden, Suez Malta und Gibraltar an. In jedem Hafen warteten bereits Pressevertreter auf Fototermine und Interviews, und viele Menschen versammelten sich am Kai, um einen Blick auf den legendären Kater zu werfen.

Am 1. Oktober 1949 rief Mao Tse-tung die Volksrepublik China aus. Genau einen Monat später erreichte die Amethyst ihren Heimathafen Plymouth, wo sie begeistert empfangen wurde. Doch Simons Berühmtheit bewahrte ihn nicht vor den strengen Regeln der englischen Quarantänebestimmungen: Er musste für sechs Monate in ein Tierheim.

Dort sollte er am 11. Dezember mit der Dickin Medal ausgezeichnet werden. Die Namensgeberin der Medaille und der Oberbürgermeister von London wollten an der feierlichen Zeremonie teilnehmen. Am 27. November machte Simon plötzlich einen völlig teilnahmslosen Eindruck. Der schnell herbeigerufene Tierarzt untersuchte ihn gründlich, diagnostizierte hohes Fieber, eine Darminfektion und verabreichte ein Antibiotikum. Ein Pfleger des Tierheims wachte die ganze Nacht an seiner Seite, doch Simon starb am frühen Morgen im Alter von etwa zwei Jahren. Laut Auskunft des behandelnden Arztes hatte sein durch die Verwundung geschädigtes Herz einfach aufgehört zu schlagen. Auch diese traurige Nachricht verbreitete sich blitzschnell. Radiostationen und Zeitungen weltweit meldeten Simons Tod. Das *Time Magazine* veröffentlichte einen Nachruf mit Foto. John Kerans und die Mannschaft der Amethyst waren völlig niedergeschlagen, als sie von Simons Tod erfuhren. In den folgenden Tagen erreichten Wagenladungen von Karten, Briefen und Blumen das Tierheim.

Simon wurde auf dem Tierfriedhof der PDSA in London in einem eigens für ihn hergestellten Sarg beigesetzt, der mit einem kleinen Union Jack bedeckt war. Auf seinem Grabstein steht die Inschrift: »In Erinnerung an Simon | Gedient auf der HMS Amethyst von Mai 1948 bis September 1949 | Ausgezeichnet mit der Dickin Medal im August 1949 | Gestorben am 28. November 1949 | Während des Vorfalls am Jangtsekiang war sein Verhalten von größter Vorbildlichkeit.«

QUELLENVERZEICHNIS

Elizabeth von Arnim, Verzauberter April (Auszug), S. 119. Aus: Elizabeth von Arnim, Verzauberter April. Aus dem Englischen von Adelheid Dormagen. insel taschenbuch 4220. Insel Verlag Berlin 2013. © Insel Verlag Frankfurt am Main und Leipzig 1992.

Detlef Bluhm, Der Schiffskater Simon, S. 139. Aus: Detlef Bluhm, Schiffskatzen. insel taschenbuch 4311. © Insel Verlag Berlin 2014.

Lily Brett, Das Auto, S. 47. Aus: Lily Brett, New York. Aus dem Englischen von Melanie Walz. © Suhrkamp Verlag Berlin 2014.

Sigrid Damm, Wohin mit mir (Auszug), S. 9. Aus: Sigrid Damm, Wohin mit mir. insel taschenbuch 4275. Insel Verlag Berlin 2013. © Insel Verlag Berlin 2012.

Aude Le Corff, Bäume reisen nachts (Auszug), S. 29. Aus: Aude Le Corff, Bäume reisen nachts. Roman. Aus dem Französischen von Claudia Steinitz. insel taschenbuch 4319. © Insel Verlag Berlin 2014.

Daphne du Maurier, Zauberhaftes Cornwall (Auszug), S. 51. Aus: Daphne du Maurier, Zauberhaftes Cornwall. Aus dem Englischen neu übersetzt von Brigitte Heinrich. insel taschenbuch 4299. © Insel Verlag Berlin 2014.

Arturo Pérez-Reverte, Dreimal im Leben (Auszug), S. 103. Aus: Arturo Pérez-Reverte, Dreimal im Leben. Roman. Aus dem Spanischen von Petra Zickmann. insel taschenbuch 4324. Insel Verlag Berlin 2014. © Insel Verlag Berlin 2013.

Pierre-Henry Salfati/Alexander Schuller, Der letzte Mentsch (Auszug), S. 63. Aus: Pierre-Henry Salfati/Alexander Schuller, Der letzte Mentsch. Roman. insel taschenbuch 4292. © Insel Verlag Berlin 2014.

Linda Yellin, Mein Sommer mit Nora (Auszug), S. 81. Aus: Linda Yellin, Mein Sommer mit Nora. Roman. Aus dem Amerikanischen von Regina Rawlinson. insel taschenbuch 4303. © Insel Verlag Berlin 2014.

INHALT

Sigrid Damm, *Wohin mit mir* 9
Aude Le Corff, *Bäume reisen nachts* 27
Lily Brett, *Das Auto* 47
Daphne du Maurier, *Zauberhaftes Cornwall* 51
Pierre-Henry Salfati/Alexander Schuller,
Der letzte Mentsch 63
Linda Yellin, *Mein Sommer mit Nora* 81
Arturo Pérez-Reverte, *Dreimal im Leben* . 103
Elizabeth von Arnim, *Verzauberter April* . . 119
Detlef Bluhm, *Der Schiffskater Simon* . . . 139

Quellenverzeichnis 151